우리는 이것을 꿈의 수정이라고 생각했다

일러두기
- 이 책의 판형은 120*190mm이다.
- 표지와 내지의 지질은 각각 스노우화이트 $250g/m^2$, 백색 모조 $100g/m^2$이다.
- 표지 1도, 내지 1도로, 오프셋 방식으로 인쇄했다.
- 표지는 이지스킨 코팅을 하고, 후가공으로 박(태창 620)을 했다.
- 무선 제본으로 제작했다.
- 서체는 주로 Hahmlet이 쓰였다. 이 밖에 **SM3견출명조** 등도 적재적소에 쓰였다.

흐름들
우리는 이것을 꿈의 수정이라고 생각했다

2023년 11월 16일 초판 1쇄 발행

지은이: 이강국, 전영국
기획: 지다율
편집: 지다율, 김윤우
표지 및 내지 디자인: 기경란
발행처: 출판공동체 편않
등록일: 2022년 7월 27일
홈페이지: editorsdontedit.com
전자우편: editors.dont.edit@gmail.com
인쇄: 제일프린팅
ISBN 979-11-979810-7-4 03670

책에 실린 원고 및 디자인의 저작권은 저자와 디자이너에게 있습니다.
잘못된 책은 바꿔 드립니다.
책값은 뒤표지에 있습니다.

우 리는   이것을
꿈 의   수
장이라고 생각 했
다

- 한글 맞춤법과 외래어 표기법은 웬만하면 따랐으나, "잊혀지다", "컨셉" 등은 말맛을 살려 그대로 두었다. 특히, 첨부한 가사는 띄어쓰기 정도 말고는 건드리지 않았다. 단, "주저없이"는 발표된 곡명대로 모두 붙여 썼다.
- 책 제목은 겹낫표(『 』)로, 단편과 시 제목 등은 홑낫표(「 」)로, 앨범명 등은 겹화살괄호(《 》)로, 영화·프로그램·시리즈·곡 등의 제목은 홑화살괄호(〈 〉)로 묶었다.
- 「내가 너에게」, 「영종도」, 「반짝이는 잔디에 누워」는 전영국이 썼고, 나머지는 이강국이 썼다. 물론, 서로가 없었으면 이 책 또한 없었을 것이다.

차례

INTRO | 혹시 정말 몰랐던 건지 ・7

SIDE A: 우리는 이것을 꿈의 수정이라고 생각했다

신탄진	・17
공항에서	・27
내가 너에게	・38
동백꽃	・48
보문산 메아리	・67
온기가 남았네	・75

SIDE B: 이 글자들에 계이름을 붙인다면 제일 처음으로

상행	•93
영종도	•103
마라탕	•111
주저없이	•120
꿈속에 잔뜩	•131
반짝이는 잔디에 누워	•141

OUTRO | 있어 주는 것	•159

편집자 코멘터리 | (터)널을 만나, 난 숨을 참았네	•167

INTRO
혹시 정말 몰랐던 건지

우리는 어쩌다 공연 기획자에서 뮤지션이 되어 버렸을까. 살고 있는 이 지역 내에서 나름의 커리어를 쌓으며 크고 작은 무대를 여러 차례 기획해 왔는데, 어쩌다가 그 길을 내팽개쳐 두고 직접 무대에 서는 것을 택했을까. 덜 성숙했기 때문일까, 험난한 미래를 미처 그려 보지 못했기 때문일까. 나는 아직도 이 질문에 명쾌한 대답을 내리기가 쉽지 않다. 하지만 이 책을 쓰기 시작하면서 하나의 대답이 아주 희미하게나마 떠올랐는데, 그것은 그냥 '도전'이라는 명사였다. 이 단순하고도 틀에 박힌 명사 하나로 인해 우리가 뮤지션으로서의 활동을 시작했는지도 모른다.

영국이와 내가 처음 만난 건 십여 년 전으로 거슬러 올라간다. 아마도 8월, 지금처럼 무더운 여름이었던 것 같다. 대전에서도 락 페스티벌을 만들어 보자는 누군가의 뜬금없는 SNS 게시물에 학생부터 직장인까지 여럿의 사람들이 모였고, 그중엔 우리도 속해 있었다. 꽤나 진지하게 참여했던 나와 달리, 영국이는 아마 단순히 놀 거리를 찾아 그곳에 도착했을 것이다. 내가 처음 목격한 영국이는 자유분방한 장발 머리에, 아무 데서나 주저앉아 기타를 퉁기던 모습이었기 때문이다. 애초에는 얼렁뚱땅 모였던 초짜들의 모임이었지만, 당시 머리를 싸매고 첫 기획에 나선 열댓 명의 사람들은 결국 페스티벌을 하나 개최하기에 이르렀다. 맨땅에 헤딩이었으나 그 페스티벌은 3년간 열렸고, 우리는 그 행사에서 중추적인 역할을 담당했다.

성공적이었다고 말할 수는 없겠지만 우여곡절 끝에 그 페스티벌을 끝마친 나는 지속적인 공연 기획 활동을 위해 영국이가 속해 있던 대학로 문화 예술 활성화 기획단에 참여하기로 결정했다. 당시 대표자를 맡던 친구까지 포함하여 세 명의 젊은 기획자였던 우리는 창업을 했고, 꽤나 큰 지원 사업에 떡하니 선정되었으며, 대전을 중심 삼아 서울부터 부산까지 내달렸다. 전국의 크고 작은 로컬 씬에서 만들어지는 곳곳의 행사에 불려 다녔고, 로컬 뮤지션을 발굴하여 그런 행사에 소개하기도 했다. 그리고 그것과 별개로 대전의 한 대학로에서

에세이 앨범 시리즈 〈흐름들〉은……

뮤지션들이 자신의 삶과 음악을 직접 이야기해 보자는 기획입니다. 그들 음악에는 어떤 결의 삶과 또 어떤 층의 이야기가 있을까요? 새로운 흐름들과 함께, 또 함께 흘러 주시기를.

출간 목록

『우리는 이것을 꿈의 수정이라고 생각했다』

『수많은 내가 다른 곳에 살고』

편집자 지다율

오랫동안 '시 쓰는 기자'가 되고 싶었으나, 끝내 시도 기사도 쓰지 못했다. 지금은 출판공동체 편않에서 책을 만들며 저널리즘스쿨 오도카니를 운영하고 있다. 언제부턴가, 여름마다 『죽음의 한 연구』를 읽는다. 언제쯤, 우리는 『자본』을 통과(痛過)할 수 있을까.

디자이너 기경란

어쩌다 보니 북디자이너가 되었다. 출판공동체 편않에서, 그리고 또 어딘가에서 북디자인을 하고 있다. 박경리 대하소설 『토지』를 N번째 읽고 있다.

저자 혹시몰라

싱어송라이터 듀오. 2012년에 결성하여 12년째 활동하고 있다. 2014년 공식 데뷔하였으며, 현재까지 1개의 정규 앨범과 1개의 EP, 9개의 싱글을 발매하였다. 대전에서 서울을 왕복하는 내내 자신들의 노래를 연속 재생해도 모자람이 없을 때까지 곡을 세상에 내놓으며 살아 있고자 한다.

이강국

곡을 쓰고 간단한 연주를 하며 노래하는 음악가. 무대 공포증이 있지만 공연을 좋아한다. 어린 시절 락스타를 꿈꿨으나 커 보니 통기타와 더 잘 어울리는 사람이 되었다. 일인자보다 '꽤 괜찮은 이인자'가 더 낫다고 여기며, 지독한 축구팬인지라 현재는 『좌익 축구 우익 축구』를 천천히 읽고 있다.

전영국

'혹시몰라'라는 팀으로 활동 중이며, 살면서 어쩌다 만든 노래가 많은 이들의 도움으로 세상에 나오곤 한다. 〈영종도〉, 〈마라탕〉, 〈반짝이는 잔디에 누워〉 등 '혹시몰라'의 조금은 독특하고 재미난 노래들을 만들었다. 이따금씩 동네 서점에서 시집을 사곤 하지만, 항상 읽다 만 시집만 읽을 뿐이다.

( )

∞

그것은 무엇일까.

이것은 무엇이지.

이제 또 다른,

새로운 흐름들과 함께,

지다율 흐름

6

산산조각 난 우리

나-들의 수정(修正) 혹은 수정(水晶)

흐름에 대한 흐름들

7

이 시리즈를 기획하기 훨씬 전부터 혹시몰라의 음악을 들으면서 행복했는데, 이렇게 그들의 글을 매만지고 책을 만들면서까지 행복할 줄은 정말 몰랐다. 아는 사람은 다 알겠지만, 노동하면서 행복하기란, 어디 가당키나 한가. 책 만드는 일로 좁혀서 말하자면, 책 나온 이후가 아니라 책을 만들면서 행복하기란, 즉 책이 되기 전 원고를 보면서도 행복하기란, 정말 쉽지 않은 일이다.

그래서인지, 김윤우는 이 책의 '편집자 코멘터리'를 내가 술술 쓸 수 있을 것이라 생각했다. 물론, 그런 일은.

8

잘(못) 들은 것들에 대해 이야기하고 싶어졌다. 나는 이렇게 들었는데, 당신은 어떻게 부른 것이지요? 그리고 나는 숨을 참은 채, 당신이 이렇게 말하기를 기다릴 것이다. 당신이 들은 것처럼, 이제 나도 불러 보겠다고.

2

유동하는 것들에 자꾸 마음을 두었다. 시간이 흐르고 나서야 알게 되었다. 각주구검이라. 두었던 그 마음조차 고정할 수 없으니, 역시, 만물은 유전하는 것이었나.

3

내가 주었던 건 진심의 적막 니가 건네준 건 따스함의 발단
이런 가사를 쓰는 사람은 어떤 사람일까. 만나고 싶었고, 만들고 싶었다.

4

어릴 적부터 가사가 없으면 노래를 잘 듣지 못했다. 가사를 읽느라, 음악을 잘 듣지 못했다.

5

그저 지나쳤을 법한 인연을, 나는 왜 자꾸 붙들어 세우는가. 멀리서 응원하던 마음을, 어떻게든 표하고 싶었나. (그래서, 책을 함께 만드는 작업이, 응원을 직접 건네는 일이 될 수 있단 말인가?) 그의 글 속에는 내가 알던 이름도 몇 있었다. 반갑다기보다는 그것은 늘 황망한 것이었고, 누군가에게는 잊히지 않은 잃음들이었다는 사실에, 괜히 안도하기도 하였다.

편집자 코멘터리
(터)널을 만나, 난 숨을 참았네

0
편곡(編曲)이 무엇일까.
편집(編輯)은 무엇이지.

1
〈흐름들〉은 뮤지션들이 직접 쓰는, 에세이 앨범 시리즈입니다.

그들 음악에는 어떤 결의 감성과 또 어떤 층의 고민이 있을까요?

주신 '편않'분들께도 무한한 감사를 보내고 싶다. 이번 기회를 통해 무엇보다 '책'이라는 형태 그 자체에 더 집중하고 많은 관심을 가질 수 있었다. 책을 둘러싼 생태계에도 처음으로 궁금증이 생겼다. 호기심이 생기는 것이야말로 내가 받은 가장 큰 축복이라 생각한다.

    마지막으로, 공연에 찾아와 주시고 꾸준히 노래를 찾아 들어 주시는 모든 분들께 진심으로 감사드립니다. 저희가 지금까지 무언가를 끄적일 수 있었던 이유는 순전히 어딘가에서 조금씩이나마 재생되는 노래들 덕분입니다. 이 페이지의 마지막 어귀를 빌려 다시 한번 감사 인사를 드립니다. 언제 어디서나 미소와 즐거움 잃지 않고 지내시길. 여기저기서 간간이 만나면 좋겠습니다.

    — 강국

스트레스를 주지 않아야 차후 일정을 소화할 때 긍정성과 집중력이 드러나기 때문이다.

이제 어디로 향해야 할까. 아직은 잘 모르겠다. 회의거리가 생길 때마다 "아니, 우선 책 좀 먼저 다 쓰고"라는 말로 여러 날을 미루곤 했다. 아마 조만간 만나서 밥을 먹든지, 커피를 마시며 앞으로의 계획에 대해 논의할 것이다. 오랜만에 '비즈니스'로 만나는 것이니 밀린 작업과 향후 있을 공연 얘기를 나눌지도 모르겠다. 그렇게 지내다 보면 곡을 발매하고, 내년이 오고, 또 계획을 세워 무언가를 할 거다. 써 놓고 보니, 지난 몇 년간 항상 그래 왔듯이 아주 비슷한 패턴으로 천천히 앞으로 걸어갈 게 뻔한데 무엇을 모르겠다 하는지 우스워진다.

앞서 영국이가 언급하였듯 우리는 늘 다른 이들의 노력으로 짧다면 짧고, 길다면 긴 십여 년의 기간을 지속할 수 있었다. 고마운 마음을 책 곳곳에 고스란히 새겨 두고 싶었는데, 그렇게 하지 못한 것 같아 이 지면을 통해 마음을 전한다. 옆에 늘 서 있는 영국, 최근 대부분의 곡에 손때를 묻혀 주는 명환, 굳이 고개를 돌리지 않아도 항상 묵묵히 곁에 존재하고, 급작스러운 연락 한 통만으로도 발 벗고 도와주시는 주변의 모든 분들께 감사드린다. 이 책을 쓰는 동안 나의 한숨 섞인 투정을 직통으로 맞아 주며 건투를 빌어 준 분들께도 고마움을 표한다. 글을 쓰자고 제안해

마무리할 수 있어 천만다행이라는 생각이 든다. 과연 나는 언제쯤 저런 단단함을 배울 수 있을까.

나는 영국이의 가사와 글을 좋아한다. 내가 흉내 낼 수 없는 매혹적인 표현을 품고 있어서다. 영국이가 가져온 〈고민만 되네〉(2016)의 가사를 처음 들었을 때, 그런 뻔한 이야기를 이렇게 감각적으로 쓸 수 있음에 감탄한 적도 있다. 하지만 이 책에는 영국이의 글이 많이 포함되지 못했다. 글을 쓰는 데 나보다 더 큰 어려움을 겪었기에, 어쩔 수 없이 나의 글이 분량을 더 차지하여 조금 아쉽다. 또 그의 글을 조금 더 매끄럽게 바꾸기 위해 내가 임의로 수정을 가한 부분이 있는데, 특유의 문체를 해친 것 같아 미안한 마음도 든다. 나중에 영국이에게는 시를 써 보라고 권해야겠다. 확실히 긴 글보다 짧은 글을 쓸 때 그 특출한 매력이 뿜어져 나오니, 어딘가에서 그의 글이 보이거나 가사가 들린다면 유심히 귀 기울여 보길 권하고 싶다.

우리는 굳이 개인적인 일로 만나는 경우가 거의 없다. 단순히 유희를 위해 모이지는 않는다는 뜻인데, 그러다 보니 '비즈니스로만 만나는 혹시몰라'라는 말을 듣기도 한다. 이 이야기를 듣는 사람들은 의아해하며 한참을 웃지만, 이건 사실 우리가 오래 갈 수 있는 숨은 비결이기도 하다. 일이 잦으면 잦은 대로, 없으면 없는 대로 산다. 서로가 괜히 자주 만나 은연중에 잡히지 않으면 노트북을 바로 덮어 버리기 일쑤였다. 낮보다 밤에 집중력이 올라가는 타입이라 글을 쓰기 위해 일부러 실컷 낮을 흘려보내며 밤을 기다리기도 했다.

언젠가 좋아하는 뮤지션의 인터뷰를 본 적이 있다. 그는 곡을 쓰기 위해 오전부터 오후까지 정해진 시간에 무조건 작업실 책상에 앉는다고 한다. 불현듯 영감이 떠올라 가사를 써 내려가고, 멜로디를 뽑아내는 일, 이런 순간적인 번뜩임으로 무언가를 만들어 내는 일은 아마추어일 때나 초창기에만 가능한 거라고. 일정한 기간이 지나면 그런 능력은 쇠퇴하고, 결국 꾸준한 결과를 만들어 내기 위해서 그만큼의 무한한 노력을 가용해야 한다는 이야기였다.

책을 거의 마무리하게 될 때쯤 이 인터뷰 내용이 자주 떠올랐다. 내가 글을 쓰기 위해 적절한 타이밍을 기다리고, 스위치를 누르듯 감정을 뽑아내지 못한 나를 탓한 건 어쩌면 요행을 바라는 심리였구나. 이 핑계 저 핑계를 대며 시도 때도 없이 전원 버튼을 눌러 버린 건 음악을 대할 때나 글을 대할 때나 변함없구나. 그러면서 프로페셔널하게 글을 쓰거나 음악을 만들어 내는 사람들에 대한 존경심이 마구 샘솟기 시작했다.

꾸준히 책상 앞에 앉아 마음의 흐트러짐 없이 글을 쓰고자 했던 게 처음의 다짐이었지만, 난 그 정도로 단단한 사람은 아니었다. 그래도 어찌저찌 무른 마음을 애써 정돈해 가며 책을 아니고, 이제 에너지가 다 빠져 하락세에 있음이 분명한 팀이기 때문이다. 게다가 상업적으로 생각해 봐도 그다지 수익이 날 만한 팀이 아닌데, 왜 우리를 택했는지 궁금하기만 했다. 하지만 나름의 재도약의 발판 같은 게 필요했고, 찾는 이가 줄어드는 시기의 제안이 감사하고 또 감사해서 수락했다. 어릴 때부터 막연하게 가졌던 '글 쓰는 사람'에 대한 로망을 실현할 수 있는 기회이기도 했다. 소리는 여러 개 내놓았으니 글도 한 번 내 봐야지. 그렇게 이 책을 처음 쓰게 되었다.

  책을 쓰는 과정은 큰 틀에서 보았을 때 앨범을 만드는 과정과 흡사한 부분이 많아 보였다. 특히 각 챕터를 요리조리 배열하여 글의 순서를 정하는 과정은 앨범의 트랙 리스트를 정하는 것과 굉장히 비슷했고, 공연의 세트리스트를 정하는 것과도 닮은 곳이 많았다. 처음 기획을 할 때 주제를 탐구하고 분량을 정하는 과정도 앨범 또는 공연 기획 단계와 일맥상통하는 지점이 있어서 친숙하게 느껴지기도 했다.
  그러나 책이든 앨범이든 결국 가장 중요한 건 내용물 자체를 잘 만들어 담는 일. 곡을 쓸 때 가졌던 순수한 감정을 최대한 글로 풀어내고 싶은데 내가 가진 어휘력으로 표현이 불가할 때가 많았고, 여러 번 머리를 쥐어짜야 했다. 또 곡에 담겨 있는 그날, 그때의 감정을 다시 소환하여 글로 옮기고 싶었기에 분위기가 우리는, 아니 나는, 책과 그리 친숙하지 않다. 엄마는 내가 어릴 때 책 없이 못 사는 아이였다고 몇 번을 강조하시던데, 커 버린 나는 그렇지 않았다. 그렇다고 해서 책을 싫어하는가? 그건 또 아니다. 책과 관련하여 내가 좋아하는 부분은, 서점에 가서, 책의 질감을 만지고, 뭔가 깔끔하게 잘 빠진 내 스타일의 책을 구입하고, 집에 와서 몇 장 읽다가 책꽂이에 고이 보관하는 이 행위 자체다. 이러다 보니 책상 앞에 늘 책이 두세 권씩 쌓여 있긴 했지만, 끝까지 완독한 책은 많지 않았다. 친숙하다고 보기에는 좀 애매한 관계였다. 어쩌다 누군가에게 책을 좋아하냐는 질문을 받을 때면 이걸 좋아한다고 해야 하는 건지 확신이 없어 대답을 흐리기도 했다.

몇 해 전에 서점 투어 공연을 한 적이 있다. 가사가 주는 위트와 감성적인 매력이 책과 잘 어울린다는 기획자들의 판단 덕분이었는데, 그 제안을 들었을 때도 조금 찔리기는 하였다. 그 당시, 책보다는 영상 매체와 훨씬 더 친하게 지내던 시절이었기 때문이다. 그럼에도 계획된 공연 일정을 잘 소화하며 서점 투어를 마쳤다. 덕분에 서점 공연과 곧잘 어울리는 팀이라는 인식이 아주 잠시 생기기도 했다. 재미있다.

이렇게 '겉으로만 책과 친한' 우리에게 책을 써 보지 않겠냐는 제안이 들어왔다. 처음 든 생각은 '왜 우리를 택했지?'였는데, 사실 아직도 이 생각은 유효하다. 우리는 그리 인기가 있는 팀도

환경에서 활동할 수 있다는 것이 너무 미안했다. 그들에 비해 나는 타고나지도 않았고 노력도 많이 하지 못했기 때문이다. 그래도 활동할 수 있었던 건, 아마 내 주변의 사람들이 다른 이들의 노력만큼을 채워 주었기 때문일 것이다.

    책을 만들어 보자는 제안에도 사실 나는 절대 할 수 없다는 것을 알았지만 강국이 형과 출판사에서 할 수 있을 것 같다는 용기를 주었기에 시작해 보기로 했고, 이번에도 역시 나 아닌 다른 이들의 노력과 희생으로 인해 나로서는 할 수 없는 일이 이루어진 것 같다.

    나와 강국이 형은 종종 "'혹시몰라'는 음악성보단 인성이지~"라며 농담을 주고받는다. 지금의 나를 있게 해 준 모든 분들께 감사의 말을 진심으로 전한다. 혹시 이 책을 들고 내게 사인을 받는 사람이 생긴다면 나는 '이강국'으로 사인해 줄 것이다. 이 책의 모든 영광을 나의 오래된 파트너 강국이 형에게 전한다.

    — 영국

OUTRO
있어 주는 것

보통 현실에서 일어날 수 없는 일을 겪게 되면, 꿈 아니면 기적이라 말한다. 어찌 보면 나의 삶은 기적의 연속이었다. 게임에서 스킬을 사용하면 분명 MP가 닳아야 하는데 내 삶은 '치트키'를 쓴 것처럼 기적이라는 스킬을 계속해서 사용할 수 있었다. 분명 나라는 존재만으로는 절대로 할 수 없던 일들이 삶의 곳곳에 가득했다.

대전에서 음악을 하다 우연히 서울의 유명 인디 레이블에 합류하게 되며 홍대에 처음 입성하여 보니, 천재라 불러도 될 사람들은 넘쳐 났고 하루의 절반 혹은 전부를 연습과 땀과 노력으로 채우는 이들이 너무 많았다. 나는 내가 그들보다 나은

살아가는 일정하고 사소한 루트에서
자연스럽게 줄곧 너를 발견하고 있네

거대한 이 감정을 우린 어디에 묻었나
우스운 이 광경은 나도 나도 신기하지

너는 내게 완벽하기 짝이 없는 사람

너는 내게 완벽하기
짝이 없는 사람

너는 내게
완벽하기
짝이 없는
사람

너는
내게
완벽하기
짝이
없는
사람

작사: 이강욱 | 작곡: 이강욱 | 편곡: 이강욱

한순간 사라질 거라 생각했었는데
불현듯 찾아온 이상한 형태의 마음

온 세계에서 유일하게 존재하는 당신과
또 다른 생명체인 내가 만나 만들어 낸 교감
오랜 기간에 걸친 우리만의 눈치의 역학
정서적 이 교류를 우린 텔레파시라 부르지

살아가는 일정하고 사소한 루트를
자연스럽게 줄곧 네게 발설하고 있네

거대한 이 감정을 우린 어디에 묻었나
우스운 이 광경은 나도 나도 신기하지

너는 내게 완벽하기 짝이 없는 사람
너는 내게 완벽하기 짝이 없는 사람

잘 묻어나기도 했다.

거창하고 대단한 마음을 갖지 않기로 했다. 물론 그랬던 적은 거의 없다시피 하지만 그냥 하던 걸 계속하자는 것. 그저 우리의 마음에 드는 일을 하자고도 했다. 한정된 우리의 에너지 레벨이 갈수록 더 줄어들기 전에, 조금 늦었을지언정 사랑을 더 눌러 담아야 한다는 이유도 있었다.

〈신탄진〉(2020)이 들어 있는 EP를 발매하면서 '내 인생의 1막은 이쯤에서 끝났고, 이제 2막이 시작될 차례'라는 생각을 한 적이 있다. 아마 그 생각이 맞는다면, 〈텔레파시〉(2023)가 그 2막을 여는 곡이 될지도 모르겠다. 얼마나 길게 노래를 할 수 있을지는 모르겠으나, 우리는 여느 때와 다름없이 사랑을 쓸 것이고, 부르려 한다. 때때로 멈춤의 기간이 찾아온다고 하더라도, 우연히 일기를 펼쳤다가 외면했던 사랑을 되찾았듯 다시 노래할 거라는 걸 알고 있다.

그리고 얼마 전 새로운 곡을 내놓으며 어딘가에 이런 문구를 끄적였다.

"소리 소문 없이 사라져만 가는 사랑의 존재를 되찾기 위해 우리는 그 마음의 형태에 집중하기로 했다."

그 주제가 오랜 멈춤을 멈추게 해 준 셈이다. 내가 내팽개쳐 놨던 것은 굳이 집념이나 고뇌 같은 과정을 거치지 않고서도 살아남아 주었다.

영국이와 거의 1년 만에 회의를 하기로 했다. 오랜만에 쓴 곡을 들려주기도 해야 했고, 줄어들었던 마음이 다시 부풀기 시작했기에 앞으로의 계획도 세워야 했다. 우리가 각자의 일로 바빴던 동안 세상에는 많은 일들이 있었다. 많은 사람들이 동시에 느꼈을 그 지점에서 '세상이 변하는 일'은 빠르게 진행되었다. 종종 낭만이 사라지는 시대를 한탄하는 사람들을 보곤 했는데, 그날 우리가 밥을 먹으며 나눈 대화 주제는 이와 크게 다르지 않았다. 우리가 살아가는 곳에서 발생하는 문제의 대부분이 관심과 존중이 없는 사람들로부터 나왔다. 크게 보자니 앞서 언급한 '사랑' 같은 것이 사라진 탓이었다.

각자의 노래를 꺼내 들려준 우리는 아이러니하게도 사랑을 이야기하지 않기로 해 놓고 다시 사랑을 노래한 서로를 발견했다. 딴에는 어쩔 수 없는 것이었다. 우리는 별거 아닌 사람들, 잘 알려지지 않은 작은 뮤지션이지만, 그래도 과거의 내가 죽음을 두려워하며 그에 대한 대처법으로 일기를 써 왔던 것처럼 아무도 몰라줄지언정 사랑을 노래해야 한다고 입을 모았다. 태생이 이러하기 때문에 사랑의 구간을 노래할 때 가장 편하기도, 감정이 갈수록 쌓이고 있었다.

　　방 한구석의 선반 가장 아래 칸에 줄지어 자리하던 양지사의 퍼스널32 일기장을 다시 펼친 건 그로부터 몇 달이 지나서였다. 무언가를 쓰려고 펼친 건 아니었다. 내가 집어 든 일기는 2015년의 것이었는데, 왜 그때를 골랐는지 기억이 나진 않는다. 돌이켜 추측해 보자면 오랜만에 기타를 들었고, 늘상 부르는 노래가 아닌 새로운 곡을 흥얼거리고 싶었으나 딱히 떠오르는 가사가 없기에 과거 일기에서 힌트를 얻고자 했던 것 같다. 2015년 9월에 무슨 일이 있었는지 잘 모르겠으나 그날 적어 둔 문구는 "교감의 완성"이었다. 그리고 그에 이어져 있는 문장은 다음과 같았다.

　　"가끔 난 텔레파시 같은 알아차림에 놀라곤 해. 이 알 수 없는 교감은 전 세계에서 유일하게 존재하는 당신과 또 다르게 존재하는 생명체인 내가 만들어 낸 오랜 기간에 걸친 눈치의 역학 또는 정서적 교류일지 몰라."

　　그날 나는 정말 오랜만에 노래 절반을 흥얼거렸다. 이 문장을 운율에 맞게 가공하여 가사도 썼다. 오래된 일기장의 한 페이지 덕분이었다. 그리고 한동안 사랑을 주제로 한 곡을 쓰지 않기로 했던 말이 무색하게, 평소보다 두 배는 빠른 속도로 감정의 화학물질이 분비됨을 느꼈다. 너무 지루하다며 뒤로 미뤄 두었던 일이었다.

처음 일기를 쓰게 된 건 2011년 초반이었다. 당시 나는 스스로에게 죽음에 관련된 질문을 곧잘 하곤 했는데, 겁이 많아서인지 아무것도 남겨 두지 않고 사라지는 것이 정말 무서웠다. 그리고 찾아낸, 두렵지 않은 최후를 맞이하는 방법 중 가장 쉬우면서 당장 해 나갈 수 있는 일이 바로 기록을 남겨 놓는 것이었다. 기록해 두면 적어도 언젠가 잊어버려 끝끝내 말하지 못할 말들, 예컨대, 사실은 어떤 일이 후회된다고, 잘한 일도 있어 내심 뿌듯하다고, 미래의 누군가에게나마 당당하게 남길 수 있겠다는 생각 때문이었다. 그렇게 쓰기 시작한 일기는 2021년까지 딱 10년을 채우고 멈춰 섰다. 언제 다시 쓸지 모르니 그만두었다고 말하는 것보다 멈췄다고 하는 게 더 좋겠다. 기록하는 행위 자체가 짐이 되어 버렸다고 느낀 어느 날을 끝으로 일기장은 남은 페이지를 비워 둔 상태로 책꽂이에 꽂혔다.

매일매일 똑같은 패턴이 계속되어서일까. 기록에 대한 흥미가 떨어지고 있었고, 일기를 위해 책상 앞에 앉는 대신 억지로 몸을 구부려 대충 무언가를 적어 두고 곧장 덮어 두는 날이 많아졌다. 이렇게 일기를 유지할 바에야 다시 쓰고 싶은 마음이 우러나올 때까지 멈추자. 그렇게 소파 위에서의 편한 상태만을 좇던 나는 오래된 습관까지 정리했다. 찝찝함이 다소 남았지만 이것도 일종의 과정이라며 합리화를 하기도 했다. 멈춤이 날이졌다. 유난히 의지가 박약한 나는 특별한 해결책을 찾지 못한 채로 시간을 흘려보냈다. 시간은 정말이지 잘만 흘러갔다.

우리는 잠시 다음을 준비하거나 활동을 이어 나가는 대신, 각자의 일상을 살았다. 물론 중간에 팬데믹을 겪었으니 반은 강제로 행해진 것이나 다름없겠지만 어쨌든 그랬다. 직장과 집에서의 시간이 과거보다 더 많아졌고, 집에서 심심풀이로 기타를 퉁기는 일도 점차 줄어만 갔다. 간혹 찾아오는 조급함에 주변을 둘러보곤 했는데, 목표의식이나 동기가 생겨났다가도 예전처럼 오래 머무르지 않고 재빨리 자취를 감췄다. 이걸 매너리즘이니, 번아웃이니 뭐 그러한 말로 부르는 게 맞는 건지도 잘 몰랐으나, 최대한 몸이 편한 상태를 좇게 되었음은 분명했다. 내가 제일 좋아하는 곳은 소파 위가 되었다.

그러던 와중에 내가 제일 먼저 그만둔 것은 바로 일기를 쓰는 일이었다. 지난날의 나는 꽤 오랫동안 일기를 써 왔다. 일기라고 부르기엔 사실 짧은 메모 정도가 더 적합한 단어일 수 있겠지만, 아무튼 일기는 일기였다. 그날 느낀 것, 그날 한 일 따위를 적어 두는 게 다반사였으나 가끔 생각나는 구절이 있거나 꾸며 낸 문장이 그럴싸하다고 느껴질 때면 그런 것들을 흘려서 적어 두곤 했다. 정말 할 얘기가 아무것도 없을 때는 '무'(無)라고 쓰기도 하는 둥, 최대한 부담 없이 한 글자라도 남겨 놓자는 생각에서 시작한

'사랑'이었다.

언젠가 이 '사랑'이라는 주제가 너무 흔하고 흔해 지겹게 느껴진 적이 있다. 매우 많은 음악, 책, 영화, 미술 등에서 어김없이 등장하는 이 공통의 주제가 조금은 가볍게 느껴졌기에, 우리 노래의 대부분이 그것을 중심축으로 쓰였음에도 애써 외면하곤 했다. 게다가 나이가 점점 들면서 이런 주제는 곧 젊음만이 가질 수 있는 것, 젊음만이 더 풍부하고 세심하게 표현할 수 있는 것이라 여겼기에 그 외면의 정도가 더욱 커졌다. 그러면서 내가 쓰려는 곡의 주제가 되었던 건 꿈이나 깨달음, 자연이나 여행 등의 대안들이 주를 이뤘는데, 애써 곡을 뽑아내고 다시 들어 볼 때마다 와닿는 바가 그리 크지 않았다. 곡이 내게 돌아와서 지그시 건드리는 그 느낌이 많이 부족했다고 덧붙이면 훨씬 정확할 것 같다.

자연스럽게 점점 곡을 쓰는 행위에 제동이 걸렸다. 나는 이것을 내가 나이 들어 버린 탓, 적지만 어느 정도의 경험이 쌓이면서 곡을 바라보는 기준이 높아진 탓이라고 생각하기도 했다. 시간을 정해서 해당 시간이 되면 무조건 기타를 들고 자리에 앉아 보기도, 하루는 건반으로 하루는 기타로 악기를 수시로 바꿔 가며 노래의 첫 소절을 그려 보기도 하였으나, 앞이 벽으로 막힌 골목길에 들어선 것처럼 막막한 기분에 자리를 뜨는 일이 잦아만 일이 있었을까. 곰곰이 생각해 보니 아주 친밀한 친구와 나 사이, 혹은 부모님 또는 형제·자매와 나의 관계에서, 그리고 연인과 나 둘만의 테두리 안에서 알게 모르게 가느다란 불꽃이 튀듯 무언가 생성되어 있는 경우가 종종 있었다. 아무도 그것이 텔레파시인 줄 몰랐을 뿐.

    내가 원하는 것을 당신이 원하고 있을 때, 먹을 것이나 갈 곳을 특별히 떠올리지 않아도 아주 근소한 차이로 내 머릿속에 떠돌던 것을 당신이 말했을 때, 아무렇게나 걸치고 나간 옷과 비슷한 옷을 당신이 입고 나왔을 때, 이쯤이면 해야만 할 것 같은 일을 당신도 똑같이 이야기할 때. 나는 이런 모든 경우를 텔레파시의 범주에 넣어 놓고 무언가가 좁은 틈을 비집고 뿜어져 나온 이유를 열심히 찾고자 했는데, 비로소 한 가지 결론에 도달했으니 그것은 바로 사랑이다.

    좁은 의미에서의 사랑을 이야기하는 것이 아닌, 내가 상대방에게 갖고 있는 관심의 마음, 어우르는 마음, 존중하는 마음에서 파생된 바로 그 사랑이었다. 그것들이 일정한 기간을 통해 적립되다 보니 둘만의 시간 같은 것이 생겼고, 그 시간 안에서 무의식적으로 상대방의 의사를 알아챔으로써 생겨난 신호가 각자의 마음으로 날아가 닿는 것이라 해석했다. 들여다보니 우리가 보통 말하는 단어 '사랑'을 뜻하기보다는 '애정'에 조금 더 가까운 마음이겠지만, 아무튼 큰 틀에서 보았을 때 그것은 분명

HIDDEN TRACK
텔레파시

누군가 쏘아 올린 혼자만의 잡념이 우주 어딘가를 떠도는 행성에 반사되어 상대방에게 닿는 것이라 하면 적절할까. 나는 텔레파시가 이런 것이라고 생각했다가도 문득, 서로를 너무 잘 아는 두 사람이 공통사(共通史)가 많아지는 과정 속에서 얻어걸리는 몇 개의 사소한 포인트라고 다시 정의 내리기도 했다. 직감과 비슷하다고 치부하기에는 발동하는 타이밍이나 전후 상황 파악의 여부 등에서 차이가 드러나기에, 그건 분명 쉽게 설명할 수 없는 새로운 차원의 것이라고 여겼다.

    살면서 누군가와 나 사이에 텔레파시가 존재한다고 느낀

반짝이는
잔디에
누워
나뭇잎
사이
흩어지는
햇살에
살짝
찡그리며
웃으며
가만히 눈
감아 보네
요즘
내가 좀
힘들었어
맞는 길로
가고
있는지도
모르고
이런 내가
우스워
아무 말도
없이
한참을
울다가
세상이

이상한
거야
너에겐
잘못이
없는 거야
너는
혼자가
아닌 거야
말해 주는
네가 있어
흔들리는
시절의
나였어
괜찮은
척은
했지만
사실은
울었어
음- 고마워
어둠에
흐려진대도
너와
함께면 할
수 있을
거야
우린

혼자가
아닌 거야
말해 주는
네가 있어
반짝이는
내가 있어

작사: 정엽국 | 작곡: 정엽국, 정명환 | 편곡: 정명환

뛰어노는 아이들의 재잘거리는 소리와 느긋하게 산책하는 사람들의 발걸음. 대부분이 그날과 비슷했지만 딱 하나만은 달랐다. 옆에 누군가 자리했고, 돗자리 위에 누워 먼 하늘을 바라보던 나의 표정은 평온했다. 할 말을 떠올렸고, 이때다 싶었지만 뭉클함이 가슴을 때려 잠시 고개를 돌렸다.

마음속에 정리되지 않은 감정들이 일렁였다. 열심히 들여다보고 파헤쳤으나 그 감정들을 담아낼 문장을 찾지 못했다. 입을 다물고 한참을 머뭇거리며 말줄임표가 가득한 소리만을 만들어 냈다. 그리고 모든 감정을 누르고 눌러 담아 뱉은 말, "고마워"라는 짧은 한마디였다.

그리고 그때는, 정확히 어떤 시기와 일치했다.

잔디에 누워 울며 웃으며, 온 우주를 걷다가 걷다가, 수면의 위아래에서 허우적대며 세상의 끝에 닿았을 즈음에, 세상이 이상한 거라고, 너에겐 잘못이 없는 거라고 말해 주는 사람이 나타났다. 그런 사람이 정말로 있었다니.

오래 쌓인 먼지를 '후' 불어 주고 닦아 주는 사람이 생겼다. 반짝이기 시작했다. 예전처럼 커다란 반짝임은 아니었을지 몰라도 다시 조금씩 반짝임이 되살아났다. 사실 달라진 것은 없었다. 내가 빛나는 존재였는지 아니었는지도 중요하지 않았다. 그런 것들과 상관없이 나를 사랑해 주는 이가 있었다.

지나간 날의 내 모습, 살면서 해 온 실수들에 개의치 않고 온전히 나를 바라봐 주는 사람이었다. 그럴 만한 '건덕지'가 없음에도 주변 사람들에게 나의 노래를, 나의 요리를, 나의 작업들을 자랑해 주었다. 만나 온 날들이 그리 길지 않았지만, 아니 수많은 지인들과 비교해 상대적으로 길지 않았지만 나는 누군가의 자랑거리가 되었다. 이런 일이 발생할 확률이 얼마나 될까.

모처럼 다시 찾은 곳에는 완벽했던 그날과 같은 햇빛, 같은 그늘이 남아 있지 않았다. 그래도 아무런 문제가 되지 않았다.

수면 바로 위와 바로 아래를 바삐 오가며 숨을 쉬는 일. 언젠가 이것이 생존의 수평선을 오르락내리락하는 나의 모습과 닮았다는 생각을 한 적이 있다. 물 위를 유유히 떠가는 것도, 잠수하여 오래 나아가는 것도 아닌 삶. 당시의 나는 그랬다.

    수영을 하러 가면 늘 일정한 루틴이 있다. 도착하여 샤워실을 들른 후 수영복을 입는다. 그리고 준비 운동을 하여 몸을 풀어 준 뒤 물속에 들어가 가벼운 발차기로 몸을 적응시킨다. 이러한 루틴을 반복하며 지난 몇 년에 걸쳐 수영을 해 왔다. 아주 가끔, 정말로 불가피한 상황이 왔을 때를 제외하고는 이 사이클을 지켰다. 그러나 허우적대던 접영 동작이 나의 삶과 닮아 있다는 생각을 했던 그 순간, 인생 어딘가에서 이런 준비과정을 빼먹었던 건 아닌지에 대한 의문이 찾아왔다. 어쩌면 가장 충실하게 지켜야만 했던 루틴을 놓치고 있던 건 아닐까. 무작정 물에 뛰어들기만 했던 건 아닐까. 분명 나는 많은 이들이 말하던 '무언가를 해낼 것만 같은 사람'이었건만.

    꽤나 시간이 흐르고 나서야 접영에 익숙해졌다. 더 이상 물을 먹지 않아도 수면 위아래를 넘나들 수 있게 되었다. 크나큰 물결을 만들어 내던 처음과 달리 날이 갈수록 첨벙거림의 정도가 적어졌다. 점차 나아지고 있던 터였다. 그리고 그때 알게 되었나 보다. 허우적거림이, 그 첨벙거림이 제자리에서만 행해지는 게 아니라 어쨌든 내 몸이 물살을 헤치고 앞으로 나아가고 있었음을.

마지막은 모르겠지만, 처음 마음은 분명히 그랬을 것이다.

　　　하지만 그중 누군가는 내가 답답하고 바보 같아 재미가 없다며 떠난다고 했다. 누군가는 나보다 빨리 걸어간다며 앞질러 갔고, 누군가는 우리가 가는 길이 다르니 언젠가 다시 만나자며 떠났다. 이렇게 많은 이들이 떠나갔지만, 그래도 내가 조금은 반짝인다는 것을 나 스스로 알고 있었기에 괜찮았다. 교만한 마음으로 되레 그들을 안타까워했다. 그러나 사람들이 찾지 않는 곳에는 먼지가 쌓인다. 그리고 오래도록 쌓인 먼지는 결국 모든 빛을 차단한다.

　　　더 이상 반짝이지 않는 존재가 된 것을 받아들인 아저씨가 서 있었다. 사실 누구에게나 스스로가 특별한 존재가 아님을 받아들이는 시기가 온다는 걸 익히 들어 알고 있었다. 괜찮다고 생각했지만 가끔 울음이 몰려왔다. 아마도 오늘에서야 그 울음이 넘친 것 같다.

　　　지난 몇 년간 수영을 다녔다. 접영에는 팔을 휘감은 뒤 얼굴을 물 밖으로 빼내어 숨을 쉬는 동작이 있다. 잠시 숨을 들이마신 후 고개는 곧바로 물속을 향한다. 이 동작을 익히기 위해 몇 주간 여러 번의 시도를 반복하였는데, 생각처럼 쉽게 익혀지지 않고 허우적대던 일이 다반사였다. 물 먹는 건 일상이었다. 수영장의 뮤직비디오를 역재생한 것처럼 나 혼자만의 공간이 온 우주로 확장되었다. 만약 온 우주에 나 혼자만 있다고 해도 괜찮겠다는 생각을 했다. 시원한 바람이 불었고, 바람에 흐트러진 나뭇잎들이 장맛비 같은 소리를 내고선 그 소리만큼 가득한 빛을 내 얼굴에 뿌렸다. 살짝 눈이 찡그려졌지만 이내 웃었다. 가만히 있어도 웃음이 나는 그런 날이었다. 그리고 그렇게

    한참을 누워 있다가 울었다.

    사람들은 반짝이는 것을 갖고 싶어 한다. 정확한 심리는 모르겠지만 나 역시 반짝이는 것을 보거나 지니는 것만으로 기분이 좋아지는 경험을 해 본 적이 있다. 주변에 반짝이는 사람을 만난다면 가까이 두고 싶어지는 마음도 있다. 개울가에서 반짝일 것 같은 돌을 찾는 일, 그것만으로도 역시 좋은 기분을 가져다주지 않는가.

    내가 무언가를 해낼 것만 같다는 사람들이 있었다. 지금은 아니어도 언젠가 그럴 거라는 이야기였다. 그럴 때마다 크게 기뻐하는 표정을 짓지는 않으나 내심 기분이 괜찮았다. '제대로 살고 있구나' 하는 생각도 들었다. 어딘가 숨어 있는 나의 가능성을 인정해 준다는 말이니, 듣기 좋은 말임이 분명했다. 어쩌면 그들에게는 내가 꽤 괜찮은 원석으로 보였는지도 모른다. 모두의

반짝이는 잔디에 누워

'싱그럽다'는 말이 무슨 뜻인지 정확하게 알 것 같은 완벽한 날씨다. 이런 날씨만 계속된다면 우울증을 겪는 인구도 굉장히 감소할 것이 분명하다. 몇 년 전부터 생겨 버린 햇빛 알레르기가 너무나 원망스럽지만, 오늘은 가려움을 각오하고라도 햇빛을 맞이해야겠다.

 완벽한 날에 맞는 햇살은 따뜻했고, 나무마다 마주치는 그늘은 시원했다. 걷다가 걷다가 적당한 그늘을 찾아 잔디에 누웠다. 자주 있는 일은 아니지만 '이런 날에는 이렇게 해야지' 하고 저장해 뒀던 사치스러운 마음이 고개를 들었을 것이다. 마치 브루노 메이저의 〈The Most Beautiful Thing〉(2020)

작사: 이강국 | 작곡: 이강국 | 편곡: 흑시들다

달빛이
눈부실
정도로
얼룩 하나 없는 밤
구멍 나려 하는
신발도
되려 멋져 보인 날
피곤한 몸 간신히 챙겨
짐이 된 머릴 기대니
찰나의 깜빡임 숙성된
마음
니가 떠오르던 밤
행성처럼 멀어
너의 흔적도 볼 수
없지만
맘속으로 니 이름
부르다
스르르 잠들고
나니

꿈속에
니가 잔뜩
들었네
꿈속에 니가 잔뜩
살았네
꿈속에 니가 잔뜩
헤엄치고 와서
나의 아침잠을
방해하네
나의 아침잠을
방해하네
나의 아침잠을
방해하네

분주하게 나갈 채비를 했다. '달빛이 눈부실 정도로 얼룩 하나 없는 밤'이었다.

무언가 깜빡였다가 이윽고 사라졌다. 어쩌면 그리운 사람들의 흔적이었다.

    한참을 허우적거리다가 억지로 깬 다음 날 아침, 알람 시계가 울리지도 않았는데 눈이 떠졌다. 팔과 다리가 퉁퉁 부어 있는 느낌이었지만 그것이 불편하지는 않았다. 기분 좋은 여행의 부기였다. 어제의 여파였는지 꿈에는 온갖 사람들이 등장했다. 마치 어제처럼 여러 곳을 돌아다녔고, 그곳에서 보고픈 사람들이 나를 맞이해 줬다. 잠이 덜 깨었을 때 재빠르게 다시 잠을 청하면 꿈을 이어서 꾼다는 소리를 언젠가 들은 적이 있기에 후다닥 시도해 보려 했으나, 이미 정신이 돌아온 탓에 두 번의 재회는 불가능했다.

    이불 속에 파묻혀 한참을 그렇게 멍하니 있다가 몸을 일으켰다. 이 기분을 놓치지 않으려 핸드폰을 꺼내 글자를 몇 자 적었다. 그리고 이 글자들에 계이름을 붙인다면 제일 처음으로 '파'를 써야겠다고 생각했다. 코드도, 멜로디도, 떠오르는 리듬이나 가사도 없었으나 정해진 시작 음만으로 충분했다. 눈을 비비며 거실로 나가니 친구는 이미 출근 준비를 하고 있었고, 늘상 그렇듯 툴툴거리며 짧은 대화를 나눴다. 우린 점심을 함께 먹기로 한 뒤 각자의 일과를 시작했다. 친구가 없는 오전 내내 나는 방 안에서 음성 메모를 켜고 몇 차례 흥얼거렸는데, '파'로 시작하는 멜로디가 쉽게 나오지 않았다. 그러다가 결국 한 소절을 불러 놓고 오지 않을 이 순간을 기억하고 싶었다. 그리고 그걸 핑계로 친구에게 무턱대고 계이름을 하나 물어보았다.

"파."

되묻는 질문 없이 곧장 한 글자의 대답이 돌아왔다. 그 이유를 물어보니 친구는 가장 애매한 곳에 놓여 있는 계이름 같아서라고 말했다. '미'도 '라'도 아닌 '파'라니. 가장 애매한 게 아니라 가장 정중앙에 있는 계이름이 '파' 아닌가. 제일 중요한 위치의 계이름이라 생각했는데 친구는 그게 아니었나 보다. 난 굳이 이유를 묻지 않기로 했다. 어찌 보면 정중앙이 혹자에게는 가장 애매한 위치일 수도 있겠다고 생각했다.

겨우 친구네 집에 도착한 건 밤 열두 시가 넘어서였다. 열일곱 시간의 당일치기 여행이었다. 미치지 않고서야 하기 힘든 기나긴 운전을 해 준 친구에게 고마웠으나, 그럴듯한 표현을 하지는 못했다. 곧바로 쓰러져 버릴 듯 피곤했던 우리는 "고생했다"는 짧은 인사와 함께 각자의 방으로 들어갔다. 뜨거운 물로 샤워를 마친 뒤 침대에 누웠으나 아직도 요동치는 심장 탓인지, 벅찬 하루 탓인지 쉽게 잠이 오지 않았다. 머릿속에서는 줄곧 '파'라는 계이름과 아까 본 달빛만이 떠올랐으며, SNS를 열어 몇 마디를 적었다가 이내 지워 버렸다. 머리를 뉘었지만 익숙하지 않은 베개 때문인지 여러 얼굴들이 눈앞을 스쳐 지나갔고,

감탄사만이 나지막이 터져 나왔다. 산 한가운데 갇힌 푸른 물빛이 말없이 하늘을 응시하고 있었다. 난 그냥 아무 이유 없이 무언가 후회되기도 했으나, 고요함 덕분에 울컥거림을 참아 냈다. 살면서 본 가장 아름다운 광경 중에 하나였다.

    우리는 몇 개의 폭포와 만년설을 마주했고, 저녁 어스름을 맞이할 때쯤 재스퍼에 도착했다. 친구가 가장 좋아한다는 매우 작은 도시 재스퍼. 친구는 이 도시를 너무 애정한 나머지 자신의 반려견에게 '재스퍼'라는 이름을 지어 줬다고 했다. 제법 가격이 나가는 식당에서 스테이크를 먹었고, 잠시 배를 꺼뜨리려 기찻길 주변을 걸었다. 이미 노곤해진 몸은 축 처지기 시작했는데, 걷다가 문득 바라본 나의 신발은 구멍이 나기 직전이었다. 해가 로키산맥 수많은 산봉우리 중 어딘가로 자취를 감췄고, 몇몇 가게 안 노란 조명만이 창문 틈새로 세상을 밝힐 무렵 다시 차에 올랐다.

    돌아오는 길, 가로등조차 사라져 어두컴컴한 밤 한복판에 커다란 달이 고개를 들었다. 빛이 없는 세상, 유일하게 길잡이가 되어 주는 달 덕분에 우리는 부쩍 말이 없어졌다. 그럴 때마다 친구가 졸지는 않을까 걱정이 된 나는 몇 마디를 건넸다가 멈추기를 반복했다. 멍해진 탓인지 괜히 사랑에 대한 이야기를 꺼냈고, 우리는 "아아, 달빛이 눈부실 수도 있구나"라는 흐리멍덩한 소리를 남발하곤 담배를 물었다. 문득 난 평생 다시 노래를 바꿔 틀어 가며 분위기를 전환하기도 했는데, 이때 즈음 〈공항에서〉(2018)의 데모 버전을 들려주었던 것 같다. 친구는 내가 아직도 음악을 하고 있는 게 좋다고 했다.

    두 시간가량을 더 달려 로키산맥에서 가장 아름다운 소도시라는 밴프에 도착했다. 거대한 땅을 지니고 있는 나라에 이렇게 아기자기한 도시가 있는지 나는 그날 처음 알게 되었다. 여행자들이 가득한 동네에서 우리도 여타 관광객들처럼 명물이라는 아이스크림과 팝콘을 사 먹었고, 사진 찍는 걸 그리 좋아하지 않았으나 몇 장의 사진을 남겼다. 며칠 머무르고 싶을 정도의 풍경과 그 사이 숨겨져 있는 크고 작은 공원들에서 난 숨쉬기의 즐거움을 느꼈는데, 공기를 담아 갈 수 있다면 좋겠다고 생각했다.

    햇빛은 강렬했으나 산맥 중턱을 지나고 있어서인지 바람이 제법 쌀쌀해졌다. 휑하던 도로에 점점 함께하는 차들이 하나둘씩 늘어 갈 무렵, 우리는 레이크 루이스의 표지판을 발견했다. 모두들 저곳을 향해 가는 게 분명했다. 비교적 꼬불꼬불한 길을 따라 올라가니 붐비는 주차장이 등장했고, 그때까지만 해도 나는 이 호수가 어떻길래 이렇게 많은 사람들이 찾는지 알 턱이 없었다. 차에서 내려 생각 없이 3~4분 정도를 걸었던가. 조그만 숲 끝에 펼쳐진 처음 보는 광경에 말문이 막혔고 한동안 "우와"라는 외딴 주유소에서 기름을 채우기도 했다. 그렇게 한참을 내달려 우리는 캘거리의 어느 한식당에서 정차했다. 약 네 시간 만이었다. 그럼에도 그 시간이 그리 지루하거나 힘들게 느껴지지 않았던 건 도로의 번잡함이나 차와 차 사이에서의 긴장감이 덜 느껴졌기 때문일 것이다.

    앞으로 더 먼 길을 가야 하기에 우리는 든든하게 국밥을 먹기로 했다. 캘거리에서 맛보는 돼지국밥이라니. 고기의 양이 풍족하다 못해 넘칠 정도였던 국밥을 깍두기와 함께 한 그릇 해치우고 나서야 다시 여행길에 오른 우리는 본격적으로 로키산맥의 초입에 들어섰다. 아주 멀리 보이기 시작한 거대한 산맥의 자태에 감탄하는 나에게 친구는 아직 들뜨기에 이르다며 나무라기 바빴다. 저 산을 뒤덮은 하얀 것들이 눈인지 바위인지 알 수가 없었으나, 그것을 굳이 알고 싶진 않았다.

    우리는 가까운 친구들의 이름을 하나씩 대며 어떻게 살고 있나 궁금해했다. 그들의 스토리와 우리의 스토리를 번갈아 이야기하다 보니 벌써 목이 쉴 것만 같았다. 잊고 지내던, 사랑했던 이들의 이름도 등장했다. 개중에는 소식을 알고 있는 이가 있는가 하면, 반대로 그 어떤 이야기도 전혀 전해 듣지 못한 경우도 있었다. 가끔 친구는 내가 드러내기를 거부하던 내면의 부분들을 교묘하게 파헤치기도 했으며, 우리는 세상의 모든 벽에게 상처받지 않는 방법을 연구해야 함을 깨닫기도 했다. 나는 치던 친구)와 만나 에드먼턴까지 오게 되었다. 그리고 친구는 며칠 전부터 날 데려갈 곳이 있다며 일을 빼고 날을 잡았다. 아침잠이 많은 나는 굳이 이런 꼭두새벽부터 서둘러 어딘가를 가야 할 필요가 있을까 잠시 고민하기도 했으나, 친구의 뜻에 따르기로 하고 부랴부랴 준비한 뒤 차에 올라탔다.

    가는 길에 커피를 한 잔씩 산 우리는 곧장 남쪽으로 달렸다. 일자로 곧게 뻗은 고속도로에는 차가 많지 않았으나, 출근 시간을 기점으로 잠시 붐비기도 했고 다시 또 한산해졌다. 이 친구와 단둘이 차를 몰고 여행하는 일은 거의 처음이었다. 고등학교 시절을 내내 함께한 우리는 스무 살을 갓 넘겨 친구가 이민을 가게 되면서 연락이 뜸해졌다. 스물대여섯 즈음 내가 잠시 캐나다로 어학연수를 가게 되면서 몇 차례 만나긴 하였으나, 각자의 삶이 바빠 그 후로는 쭉 마음을 멀리 두고 살아왔다. 타국에서 운전할 수 있는 처지가 되지 못했기에, 자가용으로 움직이는 여행은 꿈도 꾸지 못한 나를 위해 친구는 일정을 다 미루고 여행을 계획했던 것이다.

    10월의 첫날이었다. '단풍국'이란 별명답게 코앞의 나무부터 시야 끝에 놓인 나무까지 모두 붉거나 노랗게 물들어 있었다. 마침 날씨까지 완벽했으므로, 우리는 모든 풍경을 기꺼이 받아들이며 전방을 주시했다. 잠시 고속도로 휴게소 같은 곳에 들르기도 했고

꿈속에 잔뜩

"따르르르 따르르르."

희미하게 알람 소리가 귀를 때리기 시작한 게 5분 정도 되었던가. 방문을 열고 들어온 친구가 일어나라며 나를 깨웠다. 가까스로 알람을 끄고 간신히 눈을 떠 시계를 보았더니 시침과 분침은 새벽 다섯 시 즈음을 가리키고 있었다.

내가 캐나다 에드먼턴에 있는 친구 집에 온 건 이틀 전이었다. 몇 년간 일하던 직장을 그만둔 나는 곧장 추억이 있는 토론토로 날아왔다. 퇴사 후 바로 떠나는 여행만큼 해방감이 높은 건 없다고 하였던가. 먼저 난 토론토에서 약 2주가량을 보냈고, 어쩌다 보니 이곳에 이민을 와서 살고 있는 친구(「동백꽃」에서 언급한 그 드럼

사랑이 어쩜 이렇게도
가라앉지 않을까
조금 더 기다려도 좋아
가끔 그래도 괜찮아
난 주저없이 말할 수 있어
너만큼 사랑스런 사람
그보다 아름다운 건
어디도 없다는 걸

조금 더 주저해도 좋아
가끔 느려도 괜찮아
난 주저없이 말할 수 있어
너만큼 사랑스런 사람

그보다 아름다운 건
어디도 없다는 걸
어디도 없다는 걸
어디도 없다는 걸

넌 투명한 잔 안에 있었어
모두 너를 좋아하는 사람들

작사: 이강주 | 작곡: 이강주 | 편곡: 이강주

넌 투명한 잔 안에 있었어
                          모두 너를 좋아하는 사람들
           너는 자그맣고도 소리 하나 없이
하늘에 말했지
    보이는 건 모두 사라지게 돼 있어
       넌 바람 따라 달려갔었어
          시간만큼 짙어지는 게 있나
        너는 그 외로움이
                        회색일지 모른다 했지

조금 더 기다려도 좋아
가끔 그래도 괜찮아

                      난 주저없이 말할 수 있어
너만큼 사랑스런 사람
    그보다 아름다운 건
    어디도 없다는 걸
        넌 지워진 길 위에 누웠어
      모든 것이 그림자가 되듯이
넌 알 수 없는 톤으로
어리둥절한 채 말했지

진짜 타인을 향한 용기송이 되길 원했던 나름의 해석이었다. 누군가에게 위로나 용기가 된다면 정말 좋을 일. 혹여나 그것이 아니더라도 스스로 받은 위안이 있었으니 그것만으로 괜찮은 일이었다.

되었는지 다시 한번 곰곰이 생각했다.

전하고 싶은 것이 많았고, 막연하게 희망을 안겨 주기보다는 '삶은 쓸쓸하지만 어쨌든 희망은 있어'와 같은 태도로 누군가를 응원하고 싶었나 보다. 보기에 그럴싸해 보이는 사람에게도 저마다의 걱정이 있다는 것도 담고 싶었고, 내려놓으려 해도 쉽사리 내려놓을 수 없는 애정의 지점에 대해서도 말하고 싶었다. 머뭇거리고 주저하며 낭비하는 시간이 사실은 꽤 의미 있고 가치 있음을 이야기하고 싶었다. 그리고 이렇게 한 소절 한 소절의 의미를 되짚고 나서야 이 곡이 앞서 언급한 친구 혹은 주변의 걱정 많은 이들에게 전하는 메시지가 아닌, 나 자신에게 부르는 노래임을 깨달았다. 화자와 청자의 위치를 180도씩 돌려놓은 시기였다.

그때의 공연 이후 한동안은 이 곡을 제대로 연주할 계획이나 기회가 뜸했다. 박스 안에 넣어 두었다가 간간이 빼서 잠시 사용하고 다시 보관하는 형식으로 곡을 소비하곤 했다. 오랜 기간 박스 안에 묵혀 둔 이 곡을 다시 끄집어내어 손에 쥐기 시작한 것은 2019년 초의 어느 늦겨울이었는데, 그해 봄에 발매할 곡들을 한창 정리하던 때였다. 나는 다시 화자와 청자의 위치를 원래대로 돌려놓고자 했고, 그간 나 혼자 상상했던 손드르 레르케 스타일의 편곡에서 벗어나 다른 방식의 구성을 찾았다. 나를 벗어나

대답일 수도 있음을 알게 되었다. 아마도 그간 무의식중에 앞선 질문들이 나를 지배하고 있었고, 나도 모르는 사이에 그 대답을 설정해 두었나 보다.

'조금 천천히 가려고 해 봐. 잠시 기다려도 괜찮을 것 같아. 충분히 잘 하고 있어.'

어찌 보면 다소 무책임한 대답이지만, 어떠한 궤도를 만들어 두고 무작정 그곳으로 빠르게 올라가려 하는 사람에게 내가 해 주고 싶은 느낌의 미학 같은 말이었다. 나처럼 휘둘리는 대로 휘청거리며 사는 사람이 해 주는 못마땅한 조언일 수도 있겠으나, 여러 개의 답변 중 하나라고 여기면 딱 괜찮을, 그런 정도의 적당한 문구라고 생각했다. 그렇게 나는 전해 주고픈 말들을 섞고 섞어 가사를 써 내려갔고, 후렴구를 완성했다.

곡의 가사를 다 완성했을 무렵이었다. 처음 영감을 주었던 곡이 그러했듯 악기가 풍성하게 들어간 편곡으로 이 노래를 불러 보고 싶었던 우리는 어떤 합동 공연에서 처음 곡을 선보였다. 마침 동료들의 도움이 있어 나름의 알찬 구성을 가질 수 있었다. 합주를 하며 동료들은 가사에 대해 묻곤 했는데, 후렴구를 제외하면 내가 봐도 다소 난해하고 이해가 쉽지 않은 구절이 존재했다. 아마 다른 곡들에 비해 가사 외우기도 어려웠을 것이다. 공연을 준비하며 여러 각도에서 가사를 다시 읊어 보다가 왜 이런 가사를 쓰게 인기가 있는 사람, 다양한 친구들이 함께 놀고 싶어 하는 매력적인 사람, 꽤 괜찮은 업무 능력을 갖고 있어 어딜 가도 보통 이상의 성과는 만들어 낼 사람이었는데, 무엇이 그에게 그런 고민의 짐을 얹어 주었나 궁금해졌다.

반대로 나는 먼 미래를 그리지 않는 타입이었다. 아무리 긴 미래라고 해 봤자 2년에서 3년이 고작이었다. 흘러가는 대로 순리에 맞게 살되, 짧게 세운 계획에 먼저 충실하자는 스타일의 내가 바라본 그의 사정은 가끔 '과한 걱정'처럼 보이기도 했다. 그럼에도 그의 마음이 이해가 가지 않는 건 아니었으므로, 나는 나의 상황과 그의 상황 어느 중간 지점에서 타협을 하듯 고민거리를 해결해 보는 게 좋겠다는 생각도 들었다.

기타를 들고 곡을 쓰다 보면 멜로디를 만들어 내기 위해 자동적으로 박자에 맞춰 아무 말이나 내뱉는 경향이 있는데, 그날 내가 기타를 퉁기며 처음으로 중얼거린 가사는 '조금 더 기다려도 좋아'였다. 보통 쓰고자 하는 멜로디가 툭 던진 가사와 잘 맞아떨어질 경우 그 가사를 한동안 수정하지 않고 노래가 완성될 때까지 사용해 보곤 하는데, 이번이 딱 그런 경우였다. 그 구간은 마지막까지 고칠 필요가 없었고, 노래의 핵심 가사로 남아 있게 되었다.

그리고 얼마 지나지 않아 그 문장이 얼마 전 만난 친구를 향한

해 줄 말이 떠오르지 않았고, 내가 할 수 있는 최선은 적극적인 손짓으로 맞장구를 치거나 감탄사를 늘어놓으며 동조의 마음을 표현하는 것뿐이었다. 이야기의 끝자락 즈음에서야 그는 이것이 과연 자신에게 맞는 일인지, 앞으로 이 삶을 지속해야 하는지에 대해 넌지시 운을 뗐다. 그리고 주로 그러했듯 우리는 굳이 어떤 결론 같은 걸 내리지 않은 채로 인사를 나누고 각자의 방향으로 헤어졌다.

 집으로 돌아오는 길에 나는 잡념이 많아졌다. '어떤 순간엔 산더미보다도 높게 보일 그런 고민을 갖고 있는 그에게 내가 도움이 되어 주고 있을까'부터 시작하여 '자기에게 맞는 길을 찾아간다는 건 어떤 의미일까'까지 여러 생각들이 맴돌았다. 젊음이 만들어 내는 자질구레한 고민은 그 어떤 창의적이고 건설적인 생각들보다 의미 있다고 여겨 왔는데, 그것이 옳았는지에 대한 의문도 솟구쳐 올랐다. 어쩌면 여기저기서 끊이지 않고 저런 고민이 쏟아져 나오는 환경이 잘못된 것은 아닐까 물음표가 눈앞에 떠다니기도 했다.

 돌이켜보니 그는 유난히 앞일에 대한 고민이 많은 사람이기도 했다. 나름의 지조를 갖고 목적지로 향하면서도 늘 한 치 앞을 고민했다. 게다가 때론 먹고살기 위해서 싫은 일을 하면서도 다음 프로세스를 위해 긴박한 준비를 하고 있던 사람이었다. 먼발치에서 바라본 나의 시선에 그는 어디에서나 것들을 정리하고 있었고, 컴컴한 방 안에는 책상 앞을 비추는 스탠드만이 밝게 켜져 있었다. 밤에는 가족들에게 방해가 될까 봐 기타를 잘 연주하지 않았는데, 유독 그날따라 그의 곡 하나가 자꾸 귀 언저리를 간지럽혔다. 그 곡의 제목은 〈Track You Down〉(2004)이었고, 무난하면서도 찰랑거리는 사운드가 주는 욕망을 참지 못한 나는 결국 기타를 들었다. 그리고 이런 느낌의 곡을 써야겠다고 마음먹었다.

답답한 일이 생길 때마다 나를 찾아오는 친구가 하나 있었다. 별다른 해결책을 제시해 주는 것도 아닌데 왜 나를 찾는지 가끔 신기했으나 그것이 나쁘지만은 않았다. 당시를 살아가던 우리 주변엔 앞으로 걸어가야 할 길에 대한 고민이 한가득인 사람들이 많았는데, 그 친구도 그들 중 한 명이었다. 그는 그날따라 밥을 먹자는 말 대신 짧게 커피를 마시러 들른다고 했다. 어릴 때부터 '일부러 찾아가진 않아도 오는 사람 막진 않는다'라는 나름의 철학을 갖고 있던 나는 부랴부랴 서둘러 약속 장소인 도심 한복판의 커피숍으로 나갔다.

우리는 약 한 시간가량 대화를 나눴다. 대부분의 대화는 그의 직장에서의 이야기였는데 지난주에는 이러한 업무를 했고 오늘은 어디를 다녀오는 길이며, 다음 주에는 또 다른 업무가 놓여 있다는 내용이었다. 이야기를 듣는 동안 나는 딱히 진득하게 뮤지션들이 곡을 쓸 때면 어딘가에서 특별한 영감을 얻을 것이라고 생각할 것이다. 아니, 적어도 그러한 영감을 얻기 위해서 행하는 특정한 시도가 있을 거라 생각한다. 맞는 말이다. 위의 대답들처럼 시나 소설, 영화나 드라마, 미술 작품 등에서 포인트를 얻어 작업을 시작하는 뮤지션들이 많고, 나 역시 비슷한 것을 느껴 보려 여러 시도를 해 본 적이 있다.

하지만 내 경험에 비추어 보면 생각 외로 저런 거창한 것들이 아닌 곳에서 영감을 받는 경우가 많고, 의외로 다른 뮤지션의 음악에서 영감을 얻어 곡을 쓰게 되는 경우가 꽤 된다. '이런 느낌의 곡을 써야지' 또는 '이런 무드를 가진 곡을 만들어 내 스토리랑 맞춰 봐야겠다' 등의 의도를 갖고 악기를 들게 되는 경우가 잦은 셈이다.

어떻게 알게 되었는지 기억나진 않지만 손드르 레르케라는 뮤지션을 알게 된 건 그의 곡 〈I Guess it's Gonna Rain Today〉(2009)를 들었을 때다. 공연 때문에 한국에 온 적도 있는 걸 보니 당시 이미 국내에서도 인지도가 있었던 모양이다. 아무튼, 담백함을 무기로 단 한 점의 느끼함도 없이 노래하는 그는 내가 이따금씩 찾아 재생하는 뮤지션이 되었다.

플레이리스트에 담아 놓은 그의 노래가 연달아 흐르던 어느 날 밤이었다. 그날도 책상 앞에 앉아 컴퓨터를 켜 둔 채 이런저런

주저없이

곡에 대한 질문을 받을 때 가장 자주 듣는 건 어디에서 영감을 받아서 썼냐는 말이다. 어렸을 때 나는 이런 질문에 멋들어지게 답하는 뮤지션들을 여러 차례 보았는데, 주로 매체의 인터뷰에서 봤던 걸로 기억한다.

"누구누구 작가의 어떤 어떤 소설에서요."

"누구누구 감독의 어쩌구저쩌구 영화를 봤는데 감명 깊었어요."

그들의 있어 보이는 대답들을 보고 나는 자연스레 곡을 쓸 때 저렇게 멋있는 것들을 보고 감정을 고스란히 음악에 담아야 한다고 생각했다. 아마 보통 사람들도 마찬가지일 것이다.

짜증이 나고 우울하고
아무것도 하기 싫을 때
오늘 일을 내일로 미루고
내 일은 네 일로 미루고
가나다라 마라마라
마라탕 먹고 싶다

가나다라 마라마라
마라탕 먹고 싶다
심술이 나고 분이 나는데
왜 짜증 나게 내 눈물이 나서
닭발이나 떡볶이나
열라 매운 메뉴를 고를 땐

마라마라
말을 마라
마라탕 먹고 싶다
마라마라 말을 마라
마라탕 먹고 싶다
마라마라 말을 마라
마라탕 먹고 싶다
마라마라 말을 마라
마라탕 먹고 싶다
가나다라 마라마라
마라탕 먹고 싶다
가나다라 마라마라
마 라 탕
먹고 싶다

작사: 전영국 | 작곡: 전영국 | 편곡: 최영두

풍부한 내용물. 곡을 발매한 지 3년이 넘어서야 드디어 마라탕의 맛을 알게 된 나는 그제야 주변을 둘러보았고, 나도 모르는 사이에 많이 생겨난 마라탕 음식점들을 발견했다. 그리고 이제는 동네 마라탕 음식점을 한 군데씩 다 돌아보며 더 나은 맛을 탐닉하고 있다.

    얼마 전까지 마라탕의 맛을 잘 알지 못했던 내게 이 곡은 '마라탕을 먹고 싶은 사람이 부르는 재밌는 노래'보다는 '내가 좋아하는 사람들의 즐거운 노력으로 만들어진 곡'이라는 이미지가 강했다. 앞서 언급한 사람들 모두와 지금까지 꾸준히 연락을 주고받지는 않지만 이 곡을 부를 때면 그들을 생각하곤 했다. 그들의 도움 없이는 탄생할 수 없었던 노래였고, 장면이었다. 영두 형, 송은, 지현, 민지, 상민 씨, 배우로 열연해 준 웅희, 소원 씨까지, 배를 부여잡고 웃었던 여름날을 짙은 농도로 채색해 준 이들에게 고마움을 느낀다.

    그리고 이제 나는 앞으로 공연 세트리스트를 짤 때마다 〈마라탕〉을 전보다 자주 써넣을지도 모르겠다. 마라탕은 더 이상 미지의 세계가 아니며, 정말 먹고 싶은 마음으로 부를 수 있는, 도와준 사람들과 언젠가 같이 먹으러 가야 할 것 같은 그런 존재가 되었기 때문이다. 마침내 〈마라탕〉은 꽤나 옹골찬 곡이 되었다. 아, 마라탕 먹고 싶다.

장 훑어보았다. 그러다 문득 '내 안의 세포들은 어릴 때부터 춤을 추고 싶어 했으나, 조용히 살아야 한다는 암묵적 내면의 다짐으로 이렇게 춤 한 번 춰 보지 않고 살아왔던 건 아닐까' 하는 생각이 뇌리를 스쳤다. 그러면서 일종의 용기가 다시 꿈틀꿈틀 솟아오르기 시작했지만 며칠 뒤 뮤직비디오 결과물을 받아 보곤 곧바로 그 마음을 접었다. 아마 내 세포는 원래부터 춤과 거리가 멀었나 보다.

    곡을 발매한 뒤 우리는 이 곡을 자주 연주하지는 않았다. 다소 조용한 컨셉의 공연 위주로 활동을 했던 탓도 있겠지만, 실은 내가 마라탕에 대하여 아는 바가 없어 내심 끌리지 않았기 때문이기도 하다. 즐겨 먹지도 않으면서 '마라탕 먹고 싶다'라고 부르는 꼴이란. 가끔 나는 영국이에게 '아직도 맛을 모르면서 이 노래를 불러'라는 우스갯소리를 하기도 하였다. 공연 중 관객들에게 이 언행불일치에 대해 고백하기도 하였다. 그런데 얼마 전 굉장한 일이 일어났다. 내가 진정 처음으로 마라탕을 맛본 것이다.
    간혹 술자리 안주로 남들이 시켜 놓은 마라탕 국물을 몇 수저 떠먹은 적은 있었다. 한데 직접 음식점에 들어가 하얀 조명 아래 가지런히 놓여 있는 각종 야채와 버섯, 고기 등을 그릇에 담아 시켜 먹은 것은 실로 처음이었다. 단계를 조절할 때마다 적절하게 함유되는 얼얼함과 매운 국물의 조화, 또 마음대로 넣을 수 있는 하나는 배우가 출연하며 스토리가 전개되는 버전이었고, 또 다른 하나는 우리가 직접 노래에 맞춰 안무인지 율동인지 모를 어색한 몸동작을 쏟아 내는 버전이었다. 나는 첫 번째 버전에 기꺼이 박수를 보냈지만 두 번째 버전에는 흔쾌히 응할 수가 없었다. 춤이라니. 춤이라는 건 태어나서 단 한 번도 건드려 본 적이 없는 먼 세계의 이야기인데 그걸 나더러 직접 하라니. 정적인 걸로 따지자면 동네에서 늘 1등이었던 나였지만 어느 순간 갑자기 찾아온 용기에 덜컥 이를 수락하고 말았는데, 지금 돌이켜 보면 그럴 용기가 어디에서 나왔는지 모르겠다.

안무 역시 우리가 짜지 않았다. 우리가 곡 작업에 몰두하고 있던 때, 송은 씨를 비롯한 기획 멤버들은 직접 안무를 만들고 촬영 장소를 빌리며 모든 준비에 만전을 기했다. 영국이와 나는 처음 안무 영상을 받아 들고 멍한 상태가 되었으나, 이내 거울 앞에 서서 동작 하나하나를 연습하기 시작했다. '가나가나 마라마라'라는 가사에 맞춰 'ㄱ', 'ㄴ'을 표현하는 안무를 포함하여 노래의 모든 파트에 해당하는 동작을 한참 익혔다. 영국이와 달리 나는 촬영 날이 되어서도 모든 동작을 제대로 소화하지 못하는 엄청난 몸치였다. 그러나 가까스로 외운 안무를 간신히 끝까지 마무리했고, 카메라 앞에서의 어색함을 물리치면서 우리는 한 편의 뮤직비디오를 완성하게 되었다.

촬영을 마치고 집에 돌아와 B컷으로 찍은 사진을 몇

기억만이 잔뜩 남아 있지만, 더 우스운 건 정작 내가 이 곡이
표현하는 맛을 완전히 이해할 수 없었다는 것이다.

    일명 '마라탕 프로젝트'는 단순히 곡을 발매하는 것에 그치지
않았다. 우리에게는 노래를 만들어 내는 일 이외에 더 큰 이벤트가
남아 있었는데, 그건 바로 뮤직비디오 제작이었다. 대부분의 인디
뮤지션은 자본의 영역에서 자유롭지 못하기 때문에 뮤직비디오를
비롯한 여러 콘텐츠를 제작하기가 쉽지 않다. 우리는 운 좋게
소속된 레이블이 있었으나, 한정된 자금이 소위 '돈을 그닥 벌지
못하는 팀'인 우리에게까지 분배되지는 못했다. 물론 요즘에
이르러서 뮤지션 자체적으로 활용할 수 있는 인적 자원이나 촬영
및 편집 기술이 향상되다 보니 그 콘텐츠가 매우 늘어나긴 했으나,
우리는 그럴 재주도 없었고 쉽게 남에게 손을 벌리지 못하는 성격
탓에 도통 도움을 청하기도 어려웠다. 그런 와중에 지원한 콘텐츠
지원 사업에 선정되어 버렸고, 어느 정도의 자금을 손에 쥐고
뮤직비디오를 제작할 수 있게 되었던 것이다.

    당시 우리는 뮤직비디오 제작과 관련하여 알고 지내던
사람이 거의 전무하다시피 했고, 결국 관련된 대부분의 작업은
매니지먼트를 담당하던 송은 씨가 맡아 주었다. 송은 씨는 같이
일하는 지현, 상민 씨의 서포트를 등에 업고 옆 회사의 촬영
감독인 민지 씨와 협업을 하기 시작했는데, 이들이 골똘히 머리를
맞대고 토의를 벌인 끝에 기획한 뮤직비디오 버전은 두 가지였다.

그날 먹은 훠궈에서 특별한 임팩트를 느끼지 못하였음이
분명했다.

    점차 잊혀 갔던 마라탕을 다시 끄집어 낸 건 '마라탕
프로젝트' 작업 때문이었다. 회의 끝에 우리는 곡의 타이틀을
〈마라탕〉으로 정했다. 〈보문산 메아리〉처럼 영국이가 곡을 쓰고
내가 편곡하는 형식을 가져갔다면 모양새가 그럴싸했겠지만,
마라라는 향신료에서 아무런 감흥도 받지 못한 내가 그 느낌을
노래로 표현하자니 앞이 막막했다. 결국 우리는 이 곡을 영두
형에게 던지기로 하였고, 편곡부터 연주, 믹싱에 이르기까지
대부분의 구간에서 그의 손을 거쳐 곡이 탄생했다.

    영두 형은 밴드 '눈뜨고 코베인'의 기타리스트이자, 2016년
싱글 작업부터 프로듀서로서 우리를 가장 가까이에서 도와준
분이다. 우리가 발매한 대부분의 곡들에 그의 손때가 묻어 있으며,
쉽게 접하는 음악들과는 조금 다른 시선으로 곡에 접근하기
때문에 우리의 틀을 깨는 데 가장 큰 도움을 주었다. 〈마라탕〉 역시
그 얼얼한 맛을 재미있는 사운드로 표현하기에 그만한 적임자가
없었다. 그렇게 우리의 손을 떠나 영두 형의 컴퓨터 속으로 들어간
이 곡은 엉뚱하면서도 독창적인 스타일의 노래로 재탄생하여
밖으로 나왔다. '마라탕 하오츠'라는 기계음 내레이션을 곡 안에
넣을 줄은 정말 몰랐다. 작업 과정을 거치면서 깔깔대며 웃었던

마라탕

저릴 마(痲)에 매울 랄(辣. 중국어로 '라'). 얼마나 매우면 혀가 마비될 정도로 맵다는 이름을 붙였을까. 처음 그 이름을 들었을 때 쉽사리 상상이 가지 않았던 마라 요리는 내게 미지의 음식이었다. 사람들이 마라탕이 어떻고 마라샹궈는 어떠하며 마라롱샤는 또 어떠하다고 흥분에 가득 찬 표정으로 그 맛을 표현할 때에도, 정작 큰 관심이 없던 나는 별로 흥미를 느끼지 못했다. 얼얼하게 맵다는 걸 왜 굳이 먹어야 하는지도 의문이었으나, 결국 붕가붕가레코드 곰사장님의 손에 이끌려 갔던 대림역 근처의 중국 식당에서 마라훠궈를 조금 맛보았고, '이제 의미를 조금 알 정도의 음식'이라는 결론만을 내려 놓은 채 다시 내게서 마라는 멀어졌다.

작사: 정영주 | 작곡: 정영주 | 편곡: 홍시몬다, 정영두

영종도에서 너를 보낸 뒤에 그냥 세 시간쯤 혼자 걸었
어 잠깐 공항 벤치에 살며시 기대어 보니 니가 조금은
더 보고 싶더라 에펠탑에서 만나자던 우리 약속을 지킬
수 있을진 몰랐는데 정말 나도 모르게 열심히 살다 보
니 처음 비행기도 타 보는구나 내 마음은 비행기보다
높고 빠르고 흔들리지도 않고 네게 가고 있어 쉽지만은
않았던 길이지만 내가 말했잖아 다시는 놓지 않는다고
비행기에서 내내 연습한 말 bonjour mademoiselle 나니
보고 싶었어 막상 니가 내 품에 와락 하고 안기고 나니
수백 번 되뇌인 말도 까먹는구나 내 마음은 비행기보다
높고 빠르고 흔들리지도 않고 네게 가고 있어 쉽지만은
않았던 길이지만 내가 말했잖아 다시는 놓지 않는다고
에펠탑에서 만나자던 우리 약속을 지킬 수 있을진 몰랐
는데 막상 니가 내 품에 와락 하고 안기고 나니 아주 조
금은 실감이 나더라 너와 조금은 더 있고 싶더라

맛모아젤- 보고 싶었어"라고 비행 내내 수백 번 되뇌었지만 아무 말도 할 수가 없었다. 그냥 너를 꼭 안았다.

    확신이었다.

않으려 수많은 시뮬레이션을 돌려 보았다. 웃을까, 악수를 할까, 너를 안을까.

정말 수없이 많은 고민과 연습을 하다 보니 어느새 샤를 드골 공항에 도착한다는 안내 방송을 들었다. 벨트를 착용하고 안전에 유의하라는 말에 회화집을 가방에 넣고 다시 자리를 고쳐 앉았다. 이륙할 때만큼의 긴장이 찾아왔시만 숨을 크게 한 차례 들이쉰 후 무사히 착륙하기를 기다렸다. 언젠가 들었던 말, 외국에서는 안전한 착륙을 잘 해낸 파일럿에게 박수를 보낸다는 이야기가 생각나 혼자서 소심한 박수를 보내곤 비행기에서 내렸다. 입국장에 들어서니 처음 맞는 공기가 나를 환영했다.

이토록 어색한 사람들이 가득한 파리에 도착하여 익숙한 내 집을 찾으면서도 얼떨떨한 기분이 쉽게 가시질 않았다. 캐리어를 끌고 게이트를 향해 걸어간다. 저 멀리 네가 보이기 시작했다. 나도 모르게 웃음이 터지려 했지만 애써 미소로 감췄다. 거리가 점점 좁혀진다. '연습대로?', '아니, 지금 움직이는 대로?' 찰나의 고민이 스쳤고 마침내 가까워졌을 때, 갑자기 너와 내가 처음 만나던 때가 떠올랐다.

"내가 팔 벌리고 서 있을게."

나 혼자서만 떠올린 줄 알았다. 나는 두 팔을 벌렸고, 스크립트를 공유한 것도 아닌데 너는 내게 와락 안겼다. "봉쥬-

땅에서 떨어지는 역사적 순간까지도 내가 지금 잘 가고 있는 건지 머릿속이 복잡하기만 했다.

　　무시무시한 이륙의 순간이 지나고 고도에 올랐을 때 비행기가 시속 800㎞로 날아가고 있다는 화면이 보였다. 내가 지금 시속 800㎞로 너에게 가고 있다. 아니 어쩌면 내 마음은 이 비행기보다도 빠르게 너에게 가고 있는데, 그에 비하면 비행기는 너무도 느린 편에 속했다. 조금 전 만난 터뷸런스에 비행기 전체가 흔들렸지만 내 마음은 그 어떤 터뷸런스에도 흔들리지 않고 너에게 가고 있다. 그래, 이건 희미하지 않은 마음이다. 이 마음을 간직해 적어 두었다가 너를 만나면 줘야지.

　　무슨 말로 인사하며 적어 둔 마음을 전하는 게 좋을까. 잠시 고민하다가 가방 안에 넣어 온 프랑스어 회화집을 꺼냈다. 제대로 읽지도 못하는 말투성이였지만 한글 발음이 조그맣게 쓰여 있어 얼마나 다행이었는지 모른다. 기초 인사말부터 시작하는 책의 앞부분을 훑어 내려갔다. 집에서 간단히 펼쳐 보았을 땐 보이지 않던 문장들이 눈에 들어오기 시작했다. "봉주르, 마드모아젤?" 그래, 이게 좋겠다. 이걸로 정했다.

　　어색한 발음을 하지 않으려 수백 번 되뇌고 연습했다. 곤히 잠든 옆 사람에게 방해가 되면 안 되기에 조용하면서도 짤막하게 내뱉기를 반복했다. "봉쥬- 맛모아젤?" 이제 좀 익숙해진 것 같았지만 금세 또 이상해졌다. 동시에 너를 만나는 순간 어색하지 조금은 쉽게 갈 수 있겠다는 생각이 들었다. 그러나 현실적으로 쉬운 길이 아니었다. 게다가 내가 느끼는 체감은 더했다. 잘 풀리는 듯했던 일들은 예상치도 못한 것들로 인해 엎어졌고, 어쩌면 안 될 것 같다는 생각이 나를 덮기도 했다. 약속한 날이 다가올수록 자신감은 앙상해져만 갔고, 못 갈지도 모르겠다는 말을 비염 환자의 아침 콧물처럼 쉴 새 없이 삼켜 내야만 했다.

    그렇다고 포기할 순 없었다. 다시는 놓지 않겠다고 한 약속을 떠올리며 정신없이 하루하루를 살아 냈다. 할 줄 아는 건 몇 개 되지 않았지만, 나름의 구실을 하며 일들을 쳐 냈다. 아마도 세상이 나를 갸륵하게 여겨 도와준 것일지도 모른다. 드디어 날이 되었고, 어느 순간 나 혼자 배낭을 메고 손에는 네게 가는 티켓을 들고 서 있다.

    일 년여 만에 찾은 인천공항은 사뭇 달랐다. 수많은 사람들은 모두 행복해 보였고, 지난번 내가 앉았던 벤치는 조금 더 반짝거리는 듯했다. 처음 해 보는 탑승 수속에 비행기를 잘못 타는 것은 아닐까 전광판을 수도 없이 확인했다. 공항에서의 체류 시간이 얼마나 되는지, 면세점을 양쪽에 낀 기나긴 통로가 얼마나 더 이어질지 알 수 없었기에 마냥 발걸음을 재촉하기 바빴다. 결국 이리저리 묻고 또 물어 게이트를 찾아 비행기에 탑승했고, 얼마 지나지 않아 비행기가 활주로를 찾아 움직이기 시작했다. 바퀴가 서로에 대한 인력과 장력의 크기가 교차하며 우리는 멀어졌다가 가까워졌다가를 반복했다. 누군가 의도한 것은 아니었지만 오랜 기간에 걸쳐 포물선의 그래프를 그렸다. 하나의 상태가 굳어지려 할 때마다 커브를 틀었고, 몇 번의 반복 끝에 인력과 장력이 일치하는 거리에 너와 내가 존재하고 있었다. 어쩌면 '우리'라고 쓰는 것보다 '너'와 '나'로 쓰는 것이 더 적합한 상태였다. 그랬다. 에펠탑에 간다는 것은 너에 대한 확신이었다.

제주에 갈 때 말고는 비행기를 타 본 적도 없는 데다가, 그 한 시간 남짓한 비행에도 스무 시간을 걱정하는 겁쟁이가 반나절이 넘는 비행시간을 견딘다는 것은 상상조차 할 수 없는 일. 또 수년간 '곧 죽어도 뮤지션'이라며 한 달, 한 달을 기어이 살아가면서 가끔 노래나 부르는 녀석이 유럽 여행을 훌쩍 떠날 정도로 여유가 넘칠 리 없었기에 섣불리 대답할 수도 없었다. 에펠탑에 간다는 것은 나에 대한 확신이기도 했다.

이런 두 가지의 확신이 아직은 희미했던 것이다. 하지만 홀로 덩그러니 벤치에 앉아 있다 보니 네가 조금은 보고 싶어졌다. 이로써 첫 번째 확신이 조금은 선명해졌다. 그리고 두 번째 확신은 나 <u>스스로</u>에 대한 확신이기에 만들어 나가 보기로 했다. 마음이 정해졌다.

다음 날부터 되는 대로 일했다. 몇 가지 일이 잘 풀린 덕에

영종도

"우리 에펠탑에서 만나자."

아무렴 너라고 아무렇지 않겠느냐마는, 너는 내게 올 수 있느냐고 물었다. 한참을 망설이다 희미한 대답을 읊었다. 그렇게 비행기 표에 쓰인 시간이 되었고, 너는 떠났다. 공항에 남아 세 시간쯤을 혼자 걸었다. 수많은 게이트와 그 게이트를 꽉 채운 더 많은 이들. 시도 때도 없이 울리는 비행 안내방송과 그 방송을 따라 바쁘게 이동하는 저들. 살면서 처음 와 본 인천공항은 너무나도 거대하고 복잡했다. 한참을 걷다가 공항 벤치에 살짝 앉았다. 우리의 문답이 떠오른다. 그때 나는 왜 희미한 대답을 보여 줬을까.

새벽을 여는
사람들 사이에
나란히 섞여
이젠 너무도 익숙한
일터의 작은 문을 연다
아주 어렸을 적을 생각하면
부푸는 마음
엄마의 걱정만큼이나
커진 괜한 책임과 성실함　　　　　세 평
희망이란 명패를 달아　　　　남짓한 나의
나의 등에 새기고　　　가게 안에서
청춘이란 굴레를 쓰네　모두 위로만 가네
다신 내려가지 않을 듯
모두 달려만 가네
우리 젊음의 경주
모두 위로만 가네
다신 내려가지 않을 듯
모두 달려만 가네
우리 젊음의 경주
모두 위로만 가네
다신 내려가지 않을 듯
모두 달려만 가네
우리 젊음의 경주
새벽을 여는 사람들 사이에
나란히 섞여
이젠 너무도 익숙한
일터의 작은 문을 연다

작사: 이경주 | 작곡: 이경주 | 편곡: 이경주, 정명환

변함없이 친절하고 성실한 사람에게 그만한 대가가 따르는 세상이 되기를. 조만간 서울에 갈 일이 생기면 조금 일찍 출발하여 꼭 아저씨의 가게에서 식사를 하리라 다짐해 본다.

구석 잘 놓아두었던 아저씨의 명함이 눈에 들어왔다. 잠시 잊고 있던 명함이었다. 아저씨가 새 가게를 열면 메신저 프로필에 띄워 둘지도 모르니 나중에 꼭 친구 추가 해 보라던 사모님의 말이 문득 생각났고, 바로 전화번호를 휴대폰에 저장했다. 궁금한 마음으로 메신저를 열고 찾아본 아저씨의 프로필에는 새로운 가게로 보이는 정면 사진 한 장과 가게명이 올라와 있었다. 경기도 모처에 위치한 돈가스 식당처럼 보였다. 그제야 오랜만에 찾아온 쾌청한 기운에 미소가 머금어졌다. 영국이에게 그 소식을 전했더니 덩달아 기뻐했다.

또 다시 긴 시간이 흐른 오늘, 이 글을 쓰며 나는 포털 사이트에 아저씨의 가게를 검색해 보았다. 그리고 여러 개의 리뷰를 읽었고, 다녀온 사람들의 블로그를 찾아 들어가 잠시나마 염탐했다. '맛집'이라는 말들이 많았다. 가게는 작지만 효율적인 공간 배치 덕에 불편함이 없는 곳이라고도 했다. 결정적으로 대부분의 블로그에 쓰여 있는 '친절하신 사장님 내외'라는 문구를 읽고 이곳이 아저씨의 가게임을 확신했다.

우리가 안성 휴게소의 ex-cafe에서 커피를 사 마시고, 아저씨와 짧은 대화를 나눈 적은 많아 봤자 열 번 남짓밖에 안 되겠지만, 난 정말 아저씨의 가게가 잘되기를 바란다. 아는 바가 거의 없는 사람을 이렇게 응원해 보는 것도 참 오랜만이다.

주로 4~6곡을 담곤 한다)《돌아오는 길은 항상 가는 길보다 길지 않아》(2020)에 아저씨의 노래를 만들어 실었다. 정확히 주제가 그 아저씨였다고는 할 수 없으나, 그의 입장에서 세상을 바라보고자 여러 상상을 가미하여 곡을 썼다. 원래는 아저씨의 재미있는 말투처럼 분위기를 톡톡 튀게 가져가 보려 했으나, 나의 마음이 그보다 낮은 위치에 있던 탓에 꽤 잔잔한 노래가 쓰였다. 매일 새벽 휴게소에 출근하여 마주하는 손님들 모두가 위로만 향하는 광경, 그걸 한자리에서 바라보는 사람. 나는 감히 아저씨의 마음을 이해하는 척 곡에 몇 마디의 가사를 담았지만, 아마 그에게는 그보다 더 커다란 짐들이 있었을 것이다. 그것은 화창함과 매캐함이 공존하는 짐이었을지 모른다.

다행히 연말이 지나기 전 휴게소에 들러 사모님께 대신 인사를 드린 덕분에 나에겐 아저씨의 명함 한 장이 생겼다. 아저씨의 이름과 전화번호를 알게 되었고, 언젠가의 새 가게를 마음속으로 응원하며 우리의 시간은 쏜살같이 흘러갔다. 여전히 공연 활동이 자유롭지는 않았으며, 세상은 아랑곳하지 않고 뒤처진 사람은 뒤처진 대로 놓아둔 채 달렸다. 이 노래를 무대에서 부를 일이 거의 없었고, 간혹가다 다른 이유로 고속도로에 올라도 안성 휴게소에 들르지는 않았다.

그러던 어느 날이었다. 집에서 책상 정리를 하던 중 한쪽

속에는 한탄이 많았다. 코로나19로 인해 장사 수입이 말도 안 되게 줄기도 했지만, 그보다는 휴게소 내 다른 커피 전문점들의 이상한 경쟁심과 수군거림이 더 견디기 어렵다는 이야기였다. 어떠한 전후 사정이 있는지 우리는 자세히 알 수 없었지만 그럼에도 모든 이야기를 웃으며 해 주시는 아저씨와 짧은 대화를 나누었다.

완성된 커피가 비어 있던 두 잔을 채웠다. 볼록한 뚜껑을 닫고도 빨대를 꽂는 작은 구멍으로 커피를 더 담아 간신히 넘치지 않을 정도의 잔을 만드신 아저씨는 무덤덤한 목소리로 새로운 소식을 전하셨다.

"맛있게 드세요. 근데 아마 올해 말까지만 할 것 같아요. 계약이 끝나거든요. 그동안 감사했습니다."

아저씨는 잠시 휴식을 가진 뒤 집에서 가까운 곳에 새로운 가게를 열고 싶다고 하셨다. 어떤 업종이 될 것 같냐는 나의 질문에, 카페든 음식점이든 뭐가 될지는 몰라도 다시 열심히 준비해야 한다며 사람 좋게 웃어 보이셨다. 우리는 솟구쳐 오르는 아쉬움을 나름의 응원에 감춰 전하며, 가게 문을 닫기 전에 꼭 다시 뵈었으면 좋겠다는 인사를 드리고 차로 돌아왔다. 입가에서 "아, 아쉽네"라는 말만 계속 맴돌고 있었다.

우리는 그해 발매한 새 EP('Extended Play'의 약칭으로, 싱글인 1곡보다는 길이가 길고, 정규 음반보다는 길이가 짧은 형태의 녹음물.

때문인지 아니면 특유의 정성 때문인지, 가야 할 길이 아직 한참 남았음에도 그곳에 잠시 머물러 대화를 더 나누고픈 욕구가 찾아오기도 하였다. 어떤 날에는 일부러 커피 내리는 시간이 더 오래 걸리는 원두를 주문하고, 그로 인해 주어진 5분에서 10분 남짓의 짤막한 순간을 아저씨의 설명을 듣는 데 할애하기도 했다. 필터를 거친 커피가 한 방울씩 떨어져 모아지는 동안 우리도 스스럼없이 걸러져 정화되었다. 막히기 시작하는 고속도로 위의 피로 또한 잠시나마 제거되었다.

    코로나19가 닥쳤다. 한동안은 세상이 멈춰 밖으로도 나가지 않던 날들을 지났고, 우리에겐 정말 오랜만에 서울로 올라갈 일이 생겼다. 이전과는 다르게 휴게소에 들르는 차들도 줄어든 때, 걱정 반, 기대 반의 마음을 안고 우린 익숙한 주차장에 멈춰 섰다. 휴게소 화장실만 잠시 사용하려 해도 입구에서 체온 체크를 하던 시기였다.

    휑한 공터를 지나 마주한 아저씨의 가게는 딱히 변함없이 여전해 보였다. 달라진 건, 창문가에 방역 관련 개인 정보를 적는 종이 한 장과 펜이 놓여 있다는 것뿐. 우리는 반가움이 가득 담긴 인사를 건네며 여느 때와 같이 커피를 두 잔 주문했다. 역시나 5분에서 10분가량 걸리는 원두를 콕 집어서 주문하곤 잠깐의 시간 동안 이런저런 설명을 듣기 시작했는데, 그날 아저씨의 대화

걱정했거든요. 대신 인사 전해 주세요."

그렇게 인사를 드린 후 차로 돌아가려는 내게 사모님은 명함 하나를 주셨다. 그리고 다음 주에 매장 계약이 끝나 문을 닫게 되었고, 이제 곧 다른 곳에서 새 가게를 시작할 거라면서 그동안 와 주셔서 감사하다는 말을 거듭하셨다. 꾸벅 다시 한번 고개 숙여 인사를 한 나는 왠지 모르는 따뜻함과 아쉬움에 가슴 한켠이 넉넉해진 상태로 차에 탔다. 그리고 가던 방향으로 운전을 시작했다.

처음 우리가 만났던 ex-cafe의 주인아저씨는 주욱 늘어선 휴게소의 많은 가게 사장님들 중 가장 밝아 보이는 분이었다. 그 밝음의 정도가 오죽 빛났으면 우리가 서울에 다녀오는 여정 내내 그분 이야기를 해 댔을까. 자연스레 그곳은 우리가 고속도로를 탈 때마다 항상 들르는 휴게소 카페가 되었고, 몇 번의 방문에도 한결같이 똑같은 아저씨의 인상과 태도에 왠지 모를 인정(人情)을 느끼곤 했다.

아저씨(사실 지금 생각해 보니 아저씨가 아니라 네다섯 살 형뻘이 아닌가 싶기도 하다)는 본인이 내리는 커피에 대한 자부심이 굉장하셨다. 아주 상냥한 미소로 인사한 뒤 판매하고 있는 세 가지 원두를 소개해 주곤 하셨는데, 우린 주로 코스타리카 또는 콜롬비아 원두를 주문했다. 아저씨의 조금은 독특한 말투

카페는 몇 해 전 한국도로공사에서 청년 계층의 창업을 돕는 한편, 휴게소에서 상대적으로 저렴한 가격의 드립 커피를 판매하고자 운영해 온 매장이다. 물론 영국이와 내가 처음 이곳에서 커피를 구입하여 마실 땐 그러한 정황을 몰랐고, 그저 값싸고 맛있는 커피를 파는 청년 창업 매장이라고만 생각했었다. 나중에 기사를 검색해 보고 나서야 이러한 운영 방침을 알게 되었다.

그날 발걸음이 도달한 ex-cafe에는 늘 친절하게 웃으며 인사를 하던 아저씨가 보이질 않았고, 처음 보는 여성분이 주문을 받고 계셨다. 혹시나 아저씨가 화장실에 가신 건 아닐까 주변을 두리번거리다가 옆에 오신 손님께 주문 순서를 양보한 뒤 멀찌감치 빠져 있었는데, 시간이 조금 지나도 여전히 내가 찾던 아저씨는 나타나지 않았다. 어쩔 수 없이 콜롬비아 원두의 아이스 드립 커피를 한 잔 주문한 나는 결제를 하며 조심스레 아저씨의 행방을 여쭤보았다.

"죄송하지만 혹시 여기 항상 계시던 남자 사장님은 오늘 안 계신가요?"

"아, 저희 남편이요? 지금 식사하러 갔어요."

다행이었다. 어쨌든 사모님을 통해 대신 인사라도 드릴 수 있었으니.

"저와 제 친구가 서울 올라갈 때마다 항상 들러서 커피를 사 마시는데요, 조만간 그만두신다고 해서 인사를 못 드릴까 봐

상행

내가 마지막으로 안성 휴게소에 들른 건 친구를 만나러 화성으로 향하던 날이었다. 코로나19로 인해 대다수의 공연들이 취소되고, 영국이와 나는 별다른 활동을 하지 않은 채로 몇 달을 보냈다. 물론 중간중간 방역 지침을 준수하며 진행하고자 했던 작은 공연들이 있었으나 결국 취소되는 일이 다반사였기에, 동력을 잃은 기계처럼 꽤 오랜 시간 우린 멈춰 있었다. 둘이 함께 서울로 향하는 날이면 늘 안성 휴게소에서 잠시 쉬어 갔건만, 그런 일이 사라져 버렸기에 나 혼자라도 짬을 내어 휴게소에 들러 보았다.

    주차를 하고 내려 휴게소에 위치한 여러 가게 중 제일 간소한 모양으로 자리하고 있는 고속도로 ex-cafe로 향했다. 이 조그마한

SIDE
B

이 글자들에
계이름을 붙인다면
제일 처음
으로

작사: 이경숙 | 작곡: 이경숙 | 편곡: 혹시몰라

가끔 그게 아련하게 묻어오고
조금은 맘을 찌르다가

    그 맘 조용히도 사라지네
    흔한 마음으로 한없이 그리워하고

        때론 퍼붓듯 술도 마시는
        그런 그리움이 아니어도

괜찮지 내가 지금 이렇게 멀쩡해도
널 품고 있던 시간들

      아직 남아 있으니
      라라 라라라라

요즘 내가 입는 몇 개의 옷들엔
아직 너의 온기가 남았네

               그대가 나를 떠난 게 정말
               오래전인 것 같은데

                       가끔 그게 지난밤인 것 같아
                       우연한 기분일지 몰라

                              저 작은 습관들처럼
                              나를 괴롭히고 있네

             소중한 기억을 억지로 없애고
             멍해진 우리 사진만 남았네

그대가 먼저 다가온 날은
더위의 시작

나가던 A는 겨울이 찾아왔음을 깨달았고, 방으로 들어와 입고 있던 겉옷을 벗었다. 빨리 더 두툼한 외투로 갈아입어야 했다. 옷장을 열었고, 걸려 있는 옷을 하나 들어 아직 벗겨져 있지 않았던 드라이클리닝 비닐을 뜯어냈다. 그리고 그 안에 숨어 있던 네이비색 점퍼를 둘러 입었다.

    옷장을 닫으려던 찰나, A의 움직임이 멈췄다. 자연스레 주머니에 손을 넣었다 뺐다. 점퍼를 툭툭 건드리며 촉감을 느껴보기도 했다. 눈썹 사이가 잠시 움직였다가 슬며시 미소가 번졌다. A가 입은 건 J가 생일 선물로 줬던 점퍼였다. 재빨리 출근길을 재촉해야 했지만 A는 이 감정을 조금 더 끌고 싶었다. 시간은 중요하지 않았다. 지퍼를 끝까지 올렸고, 아주 느리게 밖으로 향했다. 아까까지만 해도 느껴졌던 추위가 사그라들었다. 찬 기운이 다리를 스쳤지만 몸은 오히려 따스했다. J가 생각났다. 이 점퍼를 입어도 될까 잠시 궁금했지만 '안 될 건 또 뭐야'라는 마음이 그걸 덮었다. 공식적으로 겨울을 맞이하는 첫날이 든든해졌다.

    A는 억지로 낭만을 찾지 않기로 다짐했다. 행복만을 좇았던 날들이지만 일말의 후회도 없었다. 비로소 모든 게 천천히 제자리로 돌아오고 있었다. 지극히 자연스럽고도 순리적인 일이었다.

할 것들이 많아졌다. 물건도 그랬고, 일도 그랬다. 그리고 그중에 어쩌면 J가 포함될 수 있다는 것도 마음 한편으로 알고 있었다. J는 여전히 안정을 추구하는 사람이었다. 언젠가 넌지시 A에게 이야기했던 것들이 있었으나, A는 그걸 곧이곧대로 새겨듣지 않았다. 익숙함이 만들어 낸 메커니즘과도 같은 것이었다.

    A는 J를 잡지 못한 채 무덤덤하게 이별을 받아들였다. 그날 밤 둘은 둘의 방식대로 눈물을 쏟아 냈다. '애정의 정도에는 다름이 없으나, 서로 생각하는 사랑의 모양이 다르다'는 결론이 다시 한번 고개를 들었다. 그리고 그 다름의 사이를 비집고 들어가 틈을 만들고 거리를 넓히는 것은 현실이라는 수분이었다. 수분이 끼어 버린 둘의 사랑의 모양은, 그 수분이 얼어붙기 시작하면서 벌어지기 시작했다. 아무도 모르는 시작점이었으며, 누구도 알아채지 못한 과정이었다. 동갑내기였던 둘은 이 연애를 마지막으로 서른을 맞이했다. 서로는 이십 대의 마지막 사람으로 남았다.

    계절이 네 번쯤 변했고, 쌀쌀함을 흩뿌리는 추위가 찾아왔다. A는 여전히 바쁜 일상을 보내고 있었다. 술을 마시게 되는 날에는 가끔 J가 사무치게 그립기도 했으나, 다음 날이 되면 금세 멀쩡해졌다. 이러한 반복의 학습 효과는 무뎌짐으로 습득되었다. 그렇게 아주 보편적인 일상을 보내던 그날, A의 분주한 출근 시간을 늦춘 건 밖의 날씨 때문이었다. 문을 열고 밖으로 달려

때면 연락을 놓치기도 하였다. 괜찮아지는 듯했던 둘의 날들 사이에 다시 애매모호한 거리가 생겨났다. 사흘에 한 번, 일주일에 한 번, 열흘에 한 번 단위로 서로의 얼굴 볼 기회가 줄어만 갔다. J는 자신도 모르는 새 찾아오는 서운함을 억지로 돌려보냈다. 이해했고 또 노력했다. 가끔 혼자 그러는 듯한 마음이 들기도 했지만 애써 참아냈다.

모처럼 A에게 시간이 났던 날, 둘은 공연을 보러 가기로 약속했다. J는 오랜만에 들뜬 기분을 숨길 수 없었다. A도 약속 시간보다 훨씬 이르게 J를 마중 나갔다. 차를 타고 공연장으로 향하며 둘은 평소와 다를 바 없는 대화를 나누었고, 창밖의 날씨 또한 기가 막혔다. 청연한 가을이었다. 해외 유명 뮤지션의 내한 공연이었는데, 그 뮤지션은 둘이 가끔 드라이브하며 들었던 노래의 주인공이었다. 둘은 멋진 공연을 관람했고, 돌아오는 길에 작은 골목길을 산책했다. 중간중간 노래를 곱씹어 보기도 했지만, 오롯이 서로에게 집중했다. 평소와 굉장히 비슷한 형태로 인사를 나눴으며 손을 흔들었다. 그때까지 둘은 그것이 그들의 마지막 데이트가 될 거라는 걸 전혀 알지 못했다.

Part 6. 옷장

딱히 어떤 정확한 이유를 대지 못한 채 둘은 헤어졌다. J가 이별을 고했다. A는 며칠 전부터 이상하게 주변에 내려놓아야 프리랜서로 살면서 일의 수요가 항상 들쭉날쭉했던 A는 J의 수완이 대단하다고 생각했다. 하지만 A 또한 자신이 꿈꾸던 분야에서 나름의 능력을 계발하며 시작하는 단계에 있었으므로, J만큼의 수입을 벌어들이지는 못하였지만 만족했다. 할수록 재미있고 열정이 수반되는 일이었기에 온 힘을 바쳤다.

  어느 날이었다. 둘 사이에 처음으로 작은 다툼이 생겼다. 별건 아니었지만 다툼의 끝에 '애정의 정도에는 다름이 없으나, 서로 생각하는 사랑의 모양이 다르다'라는 결론이 나오기도 했다. A는 처음에 이를 이해하지 못했다. 반면 J는 그걸 너무도 잘 이해하고 있는 듯 보였다. 언제 그랬냐는 듯 둘은 금방 괜찮아졌지만, 다시 다툼이 생긴다면 또 다시 저런 결론이 끝마디를 장식할 수도 있겠다는 생각에 최대한 다툴 거리를 만들지 않았다. A는 다시 만남의 빈도를 늘리려 노력했고, J의 동네로 자주 찾아가 시간을 보냈다. 둘의 날들이 제 궤도를 찾았다.

  A의 일이 바빠졌다. 반면 J의 삶은 늘 그렇듯 이른 출근과 적당한 시간의 퇴근이 반복되고 있었다. A는 성과를 위해 투자해야 하는 시간이 많이 필요했고, 그로 인해 만나야 할 사람도 늘어났다. 주말을 비워야 하는 일이 다반사였다. J에게 먼저 자라는 연락을 밥 먹듯이 해야 했으며, 늦은 밤 하루를 끝내며 미안하다는 문자를 남기고 잠드는 일이 잦아졌다. 회의가 길어질

밤 산책에 취미를 들이기도 했다. 처음으로 함께 떠난 바다 여행에선 추위와 거센 바람 때문에 마음 졸이기도 하였지만, 둘은 다녀 본 여러 장소들 중 그 여행을 1번으로 손꼽았다. 새해를 알리는 타종 행사에 가서는 서로를 위한 소망을 빌기도 했고, 봄이 찾아오자 J가 가장 하고 싶다는 피크닉을 즐기기도 했다. 돗자리를 펴고 누운 둘은 더할 나위 없는 행복의 순간을 공유했다. 실로 푸르른 나날이었다.

Part 5. 공연장

1년이 쏜살같이 흘렀다. 둘의 관계는 이전과 같이 공고했으나, 차츰 본연의 일상으로 돌아가는 단계도 필요해졌다. 언제까지고 마냥 보고 싶다고 해서 마구잡이로 달려갈 수는 없었다. 건강한 관계란 그런 것이라고 둘은 생각했다. 굳은 심지처럼 곁에 존재하지만, 각자 자신에게 주어진 길은 부지런히 달려가는 것. 마음의 크기에 변동이 있지는 않았기에 둘이 함께하는 시간이 다소 줄어든다 해도 괜찮았다.

J는 미래를 생각하기 시작했다. 사업이 자리를 잡아 가자 점차 안정된 생활을 꿈꿨다. J는 먼 훗날의 밑천을 하루빨리 만들어 두고 최대한 이른 나이에 은퇴하는 게 꿈이라고 했다. A가 바라보는 J는 정말 그걸 실현할 만큼 능력이 있었다. 혼자 시작한 작은 사업이 점점 커지며 직원을 몇 명 둘 정도가 되었다.

Part 4. 공원

    시작된 둘의 연애는 평탄하고 즐거웠다. 괜히 '밀당' 같은 걸 하면서 시간을 낭비하지 말자는 J의 말에 A는 '이 사람이다' 싶었다. A가 가장 어려워했던 그 오밀조밀하게 마음 쓰는 단계를 J는 가뿐히 없애 주었다. 둘은 서로의 일을 존중했고, 어떠한 연유로 연락이 잘 닿지 않더라도 각자에게 바쁜 일이 있을 거라는 믿음으로 기다려 줄 줄 알았다. A는 몇 년 만에 누군가와 한 시간을 넘기는 통화를 해 봤다. J 역시 누군가를 자꾸 챙기려 하는 마음이 진정 오래간만에 솟구쳤다. 매번 달려가고 싶었다.

    J는 자신의 동네에 딱히 놀 거리가 없다는 이유로 A가 사는 도시에 자주 드나들었다. 각자 일 때문에 만날 시간이 자주 생기지는 않았으나, 그래도 틈이 날 때마다 데이트를 가졌다. J는 A의 도시에 더 자주 드나들기 위한 구실을 만들고자 영어 학원에 다시 등록했다. 퇴근하면 차를 끌고 곧장 달려왔다. 둘은 수업이 시작하기 한 시간 전에 만나 밥을 먹고, 수업이 끝나면 또 한 시간 정도 데이트를 한 뒤 헤어지기를 반복했다. 하루 단 두 시간의 만남이었지만 아무것도 상관치 않았.

    건강이 최우선이라는 J를 위해 A는 오랜 시간 피웠던 담배를 끊었다. 결코 쉽지는 않았으나 J를 위해 꼭 성공하고 싶었던 A는 몇 번의 실패와 재도전 끝에 금연에 성공했다. J는 물심양면으로 그걸 도왔다. 배드민턴처럼 함께 할 수 있는 운동을 시작했으며,

지속되기를 바랐기에, 그 뭔지 모를 꼼수에 한 표를 던졌다. 시계 초침만을 따라가던 눈동자가 가까스로 앞을 향했다.

둘은 그 후로 서너 시간을 더 함께했다. J는 이런 시간이 정말 오랜만인 것처럼 느껴졌다. 그리고 뭔지 모를 동질감 같은 것도 생겼다. A는 사실 얼마 전까지 몇 가지 힘든 일을 겪었다. 마음 졸이던 것들이 동시다발적으로 터졌던 날들이 있었다. 하지만 둘은 이 끝이 없을 듯한 밤에, 얼마나 마셨는지도 모를 맥주잔을 사이에 두고 그 어떤 걱정도 없어 보였다. 취해서 사라졌다기엔, 눈앞에 보이는 모습이 너무 또렷했다.

어느덧 새벽 기차 시간이 찾아왔다. 역은 걸어서 20분 정도 걸리는 곳이었고, A는 길을 안내하며 J를 바래다주기로 했다. 컴컴한 밤이 어스름하게 변해 갔다. 바깥은 아까보다 훨씬 선선했지만 습기가 꽤 있었다. 혹시나 기차를 놓칠까 가끔 둘은 길을 달리기도 했다. A에게 이 순간만큼은 기차 시간이 가장 중요했다. 신발 끈이 풀려 있는 것도 몰랐다. 역의 계단을 숨 가쁘게 올라가며 J는 연신 깔깔댔다. 드디어 마지막 계단을 지나 역 앞에 도착했고, 다행히 기차를 타기에 적당한 여유가 있었다. 둘은 아쉬움의 인사를 나누었다. 안도의 한숨을 내뱉었고, 고개가 아래로 향했다. 언제부터 마주 잡았는지 모를 둘의 손이 촉촉해져 있었다.

펍이었다. J는 다른 술을 잘 마시진 않아도 맥주는 정말 좋아한다고
했다. 호주에 잠시 살면서 맥주 맛을 깨달았다고 귀띔해 주었다.
A는 술을 가리지 않고 다 마시지만, 주로 상대방이 먹는 주류에
맞춰 마신다고 대답했다. 둘은 평소에 동네에서 만나는 친구처럼
일상 이야기를 하면서도, 각자의 꿈을 드러내기도 했다. J는 작은
전자상거래 사업체를 운영하고 있었고, A는 통역과 의전 등을
하며 살아가는 프리랜서였다. 둘 다 아직 번영의 단계에 미치지는
못했지만, 하고 싶은 일들에 대해 꾸밈없이 내뱉었다. 내뱉은
미래가 맥주잔 안에 담겼고, 그것은 건배로 이어졌다.

　취기가 둘을 끊임없이 웃게 만들던 무렵, 야속하게도 둘의
예상보다 빠르게 J가 예매해 둔 막차 시간이 다가왔다. J는 무서운
아버지로 인해 통금 시간이 있다고 했다. A는 그런 J가 기차를
놓치지 않도록 자꾸 시계를 쳐다보기 시작했다. 초침 한 바퀴가
택시 미터기에서 봤던 조랑말처럼 빨랐다. 역에 가기 전, 둘은
번갈아 화장실에 들르기로 했고 A가 먼저 다녀오겠다며 자리를
떴다. 가만히 앉아 있던 J는 잠시 고민하더니, 휴대폰을 만졌다.
그리고 A가 자리에 돌아와 앉으며 배턴 터치를 하려던 순간,
그의 얼굴 앞에 휴대폰 화면을 들이밀었다. 기차 예매 시간을
새벽 첫차로 바꾼 것이었다. 걱정스럽게 물어보는 A에게 J는 한
가지 꼼수가 있다며, 반드시 성공할 거라면서 믿음을 요구했다.
반강요였다. A는 약간의 불안을 품으면서도 이 시간이 마냥

Part 3. 역

며칠이 흘렀다. 초여름이 잠시 재촉하여 여름 본연의 모습을 앞당겨 불러왔다. 간간이 연락을 취하던 둘은 J의 시간에 맞춰 주말 약속을 잡았다. 저녁 약속이었다. 그렇다고 해서 한껏 멋 부리고 근사한 식사를 하는 게 아닌, 간단한 요리에 맥주를 마시자는 취지였다. J는 운전대를 놓은 대신 기차를 타고 A의 도시로 왔다. 무궁화호를 타면 겨우 30분도 채 걸리지 않는 짧은 거리였기에 큰 불편함은 없었다.

역 개찰구에서 둘은 마주했고, 잠시 어색함에 두 발을 쭈뼛거리는 서로를 발견했다. 하지만 곧바로 이어진 간단한 인사에 이내 편해졌다. J가 건네는 약간의 말장난이 큰 역할을 해 주었다. J는 가끔 백화점을 가거나 가고 싶은 음식점에 갈 때 이 도시로 넘어온다고 했다. 주로 운전을 해서 목적지로만 가기 때문에 역 근처는 잘 모른다고도 했다. 다행히 이 지역의 토박이였던 A가 종종 가던 식당으로 J를 안내했다. 볶음 요리가 메인으로 있는 식당이었다. 가리는 것 없이 다 잘 먹는 J는 A에게 모든 메뉴 선정을 맡겼다. 둘은 약속했던 대로 맥주를 한 잔씩 곁들이며 식사를 했고, 억지로 감추는 것 없이 시시콜콜한 이야기를 나누었다. 정말 사소하다 못해 하찮다고 여겨질 만한 주제로도 대화가 연결됐다.

식사를 마치고 옮긴 자리는 나름의 독일 스타일로 꾸민

만나러 J의 동네에 가야 할 일이 있으니, 그때 꼭 연락하기로 했다. 그렇게 둘은 동갑내기 친구라는 이유를 구실 삼아 서로의 번호를 저장했다. 그달의 마지막 날, 자정 무렵이었다.

J가 사는 곳은 A의 도시에서 삼사십 분 정도 떨어진 소도시였다. 정말로 친구를 만나러 그곳에 가야 했던 A는 어느 날 용기를 내어 연락을 취했다. 다행히 J도 잠시 인사하러 나온다고 했다. 그냥 학원에서 알게 된 사람에게 잠시 얼굴 도장을 찍으러 간다고 생각한 A였지만, 왠지 모르게 설레는 기분을 감출 수 없었다. J도 나름의 단장을 하고 기다렸다. 둘은 이상하리만큼 차가 다니지 않던 이름 모를 공터에서 만났다. 운전을 시작한 지 얼마 되지 않은 J가 주차하기 편한 곳이었다. 어색함이 흘렀으나, J의 편한 말투에 A도 점점 입이 트였다.

둘은 가까운 커피숍에 들어가 간단한 음료를 마시기로 했다. 그 작은 도시에 몇 없던 커피숍에 들렀고, J가 음료를 계산했다. 둘은 아직 존댓말을 사용했지만, 말끝이 조금씩 흐려지기 시작한 걸 보니 말을 놓아도 되겠다고 직감했다. J가 먼저 제안했고, A는 그에 질세라 말을 놓았다. 창밖에는 초여름의 기운이 가득했지만, 둘의 대화는 끝나지 않은 봄 같았다. 짧은 만남을 뒤로하고 집으로 돌아오던 A는 차 안에서 콧노래를 불렀다. 그 사이 J도 '정말로' 또 보자는 문자를 보내왔다. 아마도 일주일이 가기 전에 봐야 할 것만 같은 기분이었다.

아마 회화 수업이 끝나면 다시는 볼 일이 없을 것이다. 원래의 사이클대로라면 그것이 너무나 평범하고 당연한 일이었다.

Part 2. 동네

한 달의 마지막 수업이 있던 날이었다. 학원을 마친 수강생들이 같은 엘리베이터를 타고 1층으로 내려갔다. 자연스럽게 서로 인사했고, 그 인사말은 주로 '다음 달에 봬요' 또는 '기회가 되면 또 봬어요'처럼 간단하고 수수한 정도였다. A와 J도 그 엘리베이터에서 인사를 나눴다. '또 보자'라는 형식적인 인사였다. A는 자신이 매달 해 왔던 그 똑같은 대사에 별 의미를 두지 않았다. 모두에게 그런 인사를 해 왔던 터였다. 하지만 A와 달리, J에게는 그게 진심이었을지 모른다. 그날 밤 집에 돌아온 A에게 문자가 하나 도착했다. J였다.

"J예요. 만나서 반가웠어요. O에게 번호 물어봐서 문자 남겨요. 나중에 학원 다니게 되면 또 봐요."

A는 이 상황이 굉장히 낯설었다. 전화번호를 교환했던 이에게 문자로 인사한 경우가 몇 차례 있었지만, 남에게 자신의 번호를 물어보기까지 해서 연락하다니. 뜻밖의 인사를 받은 A는 끝맺음에 대한 아쉬움 탓에 몇 개의 문자를 더 주고받고 싶었다. 응답 문자를 보냈다. J도 몇 개의 답장을 더 보내왔다. A는 애매한 답을 할 바엔 확실하게 또 보자는 인사를 하고 싶었다. 마침 친구를

많았다. 회화 수업도 꽤 심플했다. 하루 두 시간에 걸쳐 수업이 이루어졌고, 매시간 하나의 주제를 가지고 선생님이 짧은 설명을 하면 수강생들이 짝을 이루어 주어진 질문들에 대한 토론을 하는 방식이었다. 짝은 둘이 될 수도, 셋이 될 수도 있었다. 그렇게 이루어진 짝은 매번 다른 주제로 대화를 했고, 선생님은 수강생들의 대화를 조용히 듣다가 마지막에 문법과 단어 등을 수정해 주었다.

 하루 두 시간의 수업 중 가운데 걸쳐 있는 쉬는 시간이 되면 수강생들은 화장실에 가거나 자판기 커피를 마시며 시간을 보냈다. 수업 도중에 그토록 끊이지 않던 대화도 쉬는 시간이 되기만 하면 바로 사라져 고요해졌다. A는 아마도 이것이 지역 특성일지도 모른다고 생각했다. 아무튼 둘은 학원에서도 아주 가끔, 그것도 두 시간 중 많아야 10분가량 영어로 말을 섞는 딱 그 정도 사이였다. 서로에 대해 아는 바가 거의 없었다. 그저 처음 자기소개를 할 때 알게 된 나이가 같다는 것과 각자의 직업, 영어 이름 정도가 전부였다.

 이번 달에도 총 열흘, 스무 시간에 걸친 회화 수업 일정이 끝나 갔다. 수강생들은 월말 정도가 되어서야 서로를 꽤 알아보고 인사를 나누는 사이가 되었다. 하지만 이들 중 절반 이상은 다음 달에 재등록하지 않을 거라는 걸 모두 알고 있었다. 다음 달에도 학원을 지킬 A와, 한 달 맛보기로 학원을 다녔던 J는

온기가 남았네

Part 1. 영어 학원

둘은 영어 학원에서 처음 만났다. 아니, '만났다'라기보다는 '어쩌다 같은 반이 되었다'가 맞겠다. A는 한 영어 학원의 장기 수강생이었다. 일주일에 두 번 혹은 세 번 있는 저녁 회화 수업에 꾸준히 참석해 왔다. 벌써 1년을 넘겼으니 해당 레벨 클래스에서는 터줏대감 같은 느낌이었다. 반면 J는 수업을 들은 게 겨우 한 달뿐이었다. 영어 회화 수준을 유지하고 싶었는데, 여러 방법을 찾다가 제일 먼저 학원에 등록해 본 것이었다.

학원의 한 클래스는 12명 정도로 작았다. 수강생들은 대학생부터 50대 직장인까지 다양했는데, 주로 20대와 30대가

작사: 전영국 | 작곡: 전영국 | 편곡: 이강국

고소한 맛 끓이지 않게 돌돌 말아
달콤한 맛 촉촉하게 사이사이에
한 입 베어 낸 순간 모두 알게 되지
멈출 수 없다는 걸
산 위에 올라가 외쳐도
금세 사라지는
메아리 같다는 걸

고소한 맛 끓이지 않게 돌돌 말아
달콤한 맛 촉촉하게 사이사이에
한 입 베어 문 순간 모두 알게 되지
멈출 수 없다는 걸

사랑은 가끔은 쓰기도 하지만

빵은 언제나 달다는 걸
달다는 걸

먹으면 또 그만한 쾌감이 없다. 혹시라도 이 글을 읽은 후 성심당을 방문하게 된다면 꼭 '보문산 메아리'를 드셔 보시길. 영국이의 말대로 가족과 함께 돌돌 말린 빵을 사이좋게 뜯어 먹는다면 더 괜찮겠다. 그리고 동시에 우리의 노래를 틀어 둔다면 그 맛이 배가될지도 모른다.

조규찬 님의 음악을 많이 참고하고자 했으나, 그걸 따라가기에는 발성에서부터 다른 부분이 많았으므로 편곡을 진행하면서 생각나는 대로 음을 집어넣었다. 좌우 패닝으로 입체감을 덧입히기도 했고, 재미를 위해 넣은 포인트도 몇 부분 있다. 일부 코러스로 '우-'나 '아-' 대신 '빰-' 또는 '빠-'를 쓴 것도 '빵'과 어감이 비슷한 발음을 넣기 위함이었다.

     그렇게 탄생한 이 곡은 '써 놓고 나니 예상보다 더 애정이 가는 곡'이 되었다. 공교롭게도 성심당이 나날이 인기가 좋아져 지역의 자부심이 되고 나니, 아무런 연관이 없음에도 이상한 뿌듯함 같은 게 생겨 버렸다. 내가 이 도시를 사랑하기 때문이기도 하다. 언젠가 지역색이 확실한 곡을 갖고 싶다는 막연한 바람이 있었는데 그걸 빵의 이름을 빌려 실현시켜서일까. 이 곡 덕택에 지역 뮤지션에 대한 인터뷰도 몇 개 하게 되었으니 더할 나위 없는 결과가 되었다. 의도해서 만들었지만 의도하지 않았던 곳까지 나아가 버린 셈이다.

     요즘도 성심당에 들를 때면 '보문산 메아리'를 자주 사곤 한다. 이제는 내가 먹는 게 아니라 주변 사람들에게 선물하려고 살 때가 더 많은데, 가끔 반대로 이 빵을 우리에게 사다 주시는 분들이 있어서 재밌다. 지금은 과거의 경험에서 미련함을 배운 덕에 한자리에서 한 통을 전부 해치우지 않지만, 두 번에 걸쳐 나눠 썼던 곡이 생각보다 꽤 괜찮았다. 인디스럽기도 하면서 약간의 말장난이 섞여 있어 위트 있는 CM송이었다. 그때부터 CM송에 미련이 남았던 우리는 그러한 컨셉을 살려 두 곡을 발매하기로 결정했고, 때마침 관련 콘텐츠 지원 사업에 선정되면서 곡을 쓰기 시작했다. 우리의 소개 글에 보면 '다분히 의도한 음악을 하는'이라는 수식어가 붙어 있는데, 사실 우리는 그다지 의도한 음악을 하지 않는다. 초창기 활동할 때에 '혹시 몰라 대충 한다는' 의미에 반(反)하기 위해 만들어 둔 수식어였을 뿐, 지금은 거리가 꽤 있다고 생각한다. 하지만 최근에 우리가 만든 가장 '의도한 음악'이 있다면 그것이 바로 〈보문산 메아리〉와 〈마라탕〉(2019)이었다. 정말 시작부터 끝까지 의도를 갖고 만든 곡이었고, 중간중간 모든 과정에서 해당 음식의 이미지를 생각하며 작업했다.

〈보문산 메아리〉는 영국이가 곡과 가사를 썼고, 내가 편곡을 맡았다. 앞서 언급한 '겹겹이 쌓아 올린' 이미지를 곡에 넣기 위해 시도한 건 겹겹의 화음이었다. 처음에는 차라리 목소리만으로 아카펠라 형식의 훨씬 내추럴한 편곡을 해 볼까 생각했지만 원하는 정도의 풍부한 화음을 가득 편성하기에는 내가 가진 화성학 지식이 부족했다. 그래서 적당한 악기를 기본 구성에 넣으면서, 나머지 빈틈을 코러스로 쌓아 올리는 방법을 택했다. 우리가 과거부터 지금까지 늘 코러스의 교본으로 생각하는 경우, 혹은 타지에서 손님이 와서 함께 구경을 가 준 경우를 제외하곤 유명 빵이라고 해도 딱히 먹지 않았다. 하지만 그런 내가 지금은 두 발로 혼자 걸어 들어가 빵을 사서 나올 정도가 되었으니 엄청난 발전임이 분명하다. 그리고 그 중심에 바로 이 '보문산 메아리'가 있었다.

 이름부터 맘에 든다. 지역의 대표 명산 이름을 떡하니 갖다 붙였다. 아주 어릴 적 친척 할아버지 손에 이끌려 동생과 함께 갔던 보문산 입구에는 케이블카가 있었고, 많은 인파 속에서 차례차례 탑승하여 산을 올랐던 기억이 이 명소에 대한 나의 첫 이미지였다. 그 후로 어린이날이 되어 찾았던 놀이동산도 보문산에 있었고, 학교에서 가던 단골 소풍지도 이곳이었다. 물론 지금은 약간의 쇠퇴기를 거쳐 산책로와 여러 토속 맛집들로 명맥을 유지하는 곳이지만 대전 지역민에게는 향수를 불러일으키기에 충분한 이름이다. 게다가 몽블랑류의 빵이므로 그 모양이 산의 형태를 띠고 있고, 겹겹이 쌓아 올린 구조가 메아리를 아주 적절히 형상화하기에, 이 빵을 먹을 때마다 이름 참 잘 지었다는 생각을 하곤 했다.

 우리가 처음부터 〈보문산 메아리〉(2019)를 곡으로 쓰려 했던 건 아니었다. 한때 우리를 프로모션하기 위한 방법 중 하나로 CM송 콘테스트에 출품을 했던 적이 있는데, 당시 영국이가 자주 먹지 않던 내가 이걸 먹어 본 후로 '네이밍 있는 빵'에 대한 호기심이 늘었다고 해야 할까. 아직도 빵집에 가면 습관적으로 가장 먼저 집어 드는 건 소보로빵이나 크림빵이지만, 이제는 예전과 다르게 치아바타와 크루아상도 먹을 줄 알고 베이글, 소금빵도 먹을 줄 안다. 그래도 이들 가운데 '보문산 메아리'가 눈앞에 있다면, 제일 빠르게 택할 것은 눈에 보이듯 뻔하다. 이렇게 생각하다 보니, 내 '빵 입맛'의 개척점이라 해야 적절할까 싶은데, 어찌 되었든 고마운 빵임에는 틀림없다.

    우리 집은 빵을 그리 자주 먹는 집은 아니었다. 어렸을 때 친척들이 유명한 베이커리의 빵이나 케이크, 새로 나온 피자 같은 걸 들고 집에 오면 보통 거의 다 먹지 못하고 썩혀 버리곤 했다. 가족들이 왜 빵을 잘 먹지 않았는지 기억은 별로 없지만, 거슬러 올라가 보면 밥 위주의 식습관을 고수하시던 할머니 때문은 아니었을까. '밥 대신 빵'이라는 개념 자체가 우리 집에선 통하지 않았고, 기껏 먹어 봐야 가끔 간식으로 먹는 식빵이나 단팥빵 정도가 전부였다. 그런 집에서 살다 보니 아무리 지역에 유명한 빵집이 있다고 한들 갈 일이 잦지 않았고, 그건 성인이 되어서도 마찬가지였다. 이런 배경 때문일까, 성심당이 유명해지기 시작하여 주변 사람들이 자주 들락날락할 때에도 나는 들어가 본 적이 거의 없다. 가령 친구가 케이크를 사러 간다니 동행했던

보문산 메아리

돌돌 말려 있는 페스츄리의 찬란한 증발이었다. 영국이가 말하던 '두루마리 화장지처럼 쭈욱 떼서 먹다 보면 어느샌가 사라져 있는 빵'이 딱 맞는 말이었다. 우유를 곁들여 먹으면 좋다는 것도 정확했다. 아직 4분의 1가량밖에 먹지 못했을 때부터 배가 차기 시작하지만, 결국 한 개를 완전히 소화해 버린다. 나의 식욕이 이 정도였나 싶었지만, 어쩔 수 없는 건 분명 나뿐만이 아닐 것이다. 겉에서 보기엔 속의 촉촉함과 순간순간 배어 나오는 달콤함이 잘 보이지 않는다. 먹기 시작해야 비로소 진가를 알게 되는 빵. '보문산 메아리'를 처음 먹었던 나의 소감이다.

    이 빵을 또 어떻게 표현해야 좋을까. 평소에 빵을 그리

그리워

그리워

그리워

그리워

매주 계속되는 공연을 만들었다. 되돌아보면 살면서 가장 활발하게 움직였던 때가 아닌가 싶다.

    그러던 우리가 무대에 서게 된 것은 앞서 언급한 매주 기획했던 대학로 공연 덕분이었다. 매주 세 팀가량의 로컬 뮤지션(또는 뮤지션 이외의 공연팀)을 섭외하여 공연을 구성하였는데, 피치 못할 사정으로 세 팀 중 한 팀이 공연에 참가하지 못하는 경우가 생긴 것이다. 나와 영국이는 향후에 또 발생할 이런 사태에 대비하고자 급조한 팀을 하나 만들기로 했고, 혹여나 이런 상황이 재발한다면 둘이 무작정 무대에 오르기로 했다. 장난 반 진심 반으로, 그리고 그저 시간 때우기의 목적으로 세 곡을 연습했다. 사무실에 앉아 있다가 시간이 나면 한 곡을 연습하고, 저녁을 먹고 나서 공원 정자에 걸터앉아 한 곡을 연습하는 등 정말 '가급적 그럴 일이 없길' 바라며 준비했던 게 사실이다.

    그런데 이게 무슨 일이람. 우리가 연습을 시작한 지 얼마 되지 않아 벌써 펑크 난 팀이 생겨 버린 것이다. 아마도 비가 부슬부슬 내리던 날로 기억하는데, 우리는 급조한 팀답게 '혹시몰라준비한팀'이라는 이름으로 공연 막바지의 시간을 메우기 위해 무대에 올랐다. 그날은 비 때문인지 대학교의 시험 기간 때문인지 관객이 무척 적었다. 다행이었다. 관객이 없다는 건, 우리가 제대로 맞춰 보지도 못한 곡들을 선보이기에 그만큼 부담이 덜 된다는 뜻이었기 때문이다.

어떤 곡을 불렀는지 이제 기억에 거의 남아 있지 않다. 아마 영국이가 친구들과 흥얼거리며 만들어 불렀다던 기타 코드 두 개짜리 단순한 노래와, 내가 스무 살 시절 짧게 인디밴드를 할 때 부르던 노래였을 것이다. 우리는 세 곡 정도의 노래를 소화하기 위해 기타를 들고 자리에 앉았고, 비어 있는 무대 앞에는 공연을 도와주던 스태프들이 우리끼리의 파티를 한다는 느낌으로 모여 있었다. 또 몇몇의 관객이 심상치 않은 분위기의 우리를 보고 자리를 뜨지 않고 남아 주었던 것 같다. 아무튼 우리는 준비한 세 곡을 연주했다. 곡의 중간중간에 거리낌 없이 너스레 떨던 영국이의 멘트는 관객들을 끊임없이 웃겼고, 끝나지 않을 것처럼 후렴구를 반복하던 우리의 곡은 이상하게 처음보다 더 많은 관객을 몰고 왔다. 꽤나 성공적이었던 첫 무대였다. 그래서일까, 그날 이후로도 우리는 이 팀을 없애지 않고 계속 남겨 두기로 했는데, 따지고 보니 무대의 성공 여부나 기획의 철저함 이런 것보다 단지 '그 상황이 너무 웃기고 재밌어서' 그랬던 게 아닌가 싶다.

기획 일을 계속하면서 우리는 각자 남몰래 방구석에서 써 놓은 곡들을 꺼냈다. 그와 동시에 아주 사소한 자리(이렇게 표현하자면 당시 기획했던 친구들이 싫어할 수도 있으나, 정말 작고 작아 누구라도 장기자랑을 할 수 있을 정도의 자리였다)에서 종종 노래하기 시작했다. 만든 무대에 또 펑크가 나서, 친한 친구가 카페를 처음 오픈해서, 딱딱한 강연을 조금이나마 부드럽게 시작하기 위해서 우리는 불러 주는 곳을 찾아 몇 곡씩 노래했다. SNS를 개설했고, 팔로워가 생겼으며, 곡도 점점 늘어났다. 그리고 때마침 은인을 만나게 되었는데, 우리의 곡이 너무 좋으니 앨범을 발매해 주겠다는 어떤 형이었다.

    대망의 첫 녹음 작업은 거의 1년 가까이 진행되었다. 매우 서툴렀기에 뭐 하나 쉬운 것이 없었지만, 그때는 그것이 쉬운 것인지 어려운 것인지조차 가늠하지 못할 정도로 음악에 무지했다. 그리고 선뜻 우리를 도와준 건일이 형 덕분에 드디어 첫 노래들을 발매하였다. 세 곡이 담겨 있는, '앨범'이라고 부르기에 너무 작아 '미니-미니 앨범'이라고 칭하면 다행일까 싶은 CD 한 장이 세상 밖으로 나왔다.

    사실 가장 먼저 작업을 시작했던 건 영국이의 개인 음원이었다. 내가 다른 회사로 이직하며 눈코 뜰 새 없이 바빠지자, 자신의 노래를 먼저 한 곡 발매하기로 했던 것이다. 하지만 영국이 혼자서는 6개월 동안 별다른 진전이 없었고, 내가 응원 차 녹음실을 찾고 나서부터야 엔진이 다시 돌아갔다고 한다. 운이 따랐던 것인지, 우리는 퇴근 후의 시간을 열심히 할애하여 녹음에 쏟아부었고, 어느 해 봄의 한가운데에서 한 팀으로 정식 데뷔라는 것을 맛보았다.

돌이켜 보니 뭐 하나 도전 아닌 게 없었지만, 당시는 '한번 도전해 봐야지'라는 생각을 꺼내 본 적이 없다. 모든 게 물 흐르듯 흘러갔고, 재미를 찾아, 무언가 한다는 기쁨에 취해 여러 가지를 했던 것뿐이었다. 그런데 어쩌다 찾아온 한 기회에서 우린 처음으로 '그래, 밑져야 본전이니 도전해 보자'라는 마음을 품게 되었는데, 바로 굴지의 인디 레이블 붕가붕가레코드와의 계약이다.

곰사장님(실제 성은 고 씨지만 음악 씬에선 모두에게 '곰사장'으로 불린다)은 소속 뮤지션인 일두 형(뮤지션 김일두)의 공연 때문에 대전을 찾았다가 오프닝을 한 우리를 픽했다. 그로부터 몇 주 뒤 공통으로 알고 지내는 한 동생의 집에 모여 함께해 보자는 이야기를 정식으로 들었고, 우리는 설레고 떨리는 마음으로 수락했다. 아이러니한 건, 나는 음악을 전업으로 해 보기 위해 일을 그만두었고, 영국이는 음악을 그만 접고 평범한 직장인의 삶으로 돌아가고자 했던 때였다는 점이다. 어쨌든 말도 안 되게 찾아온 이 찰나의 기회를 놓치기 싫었고, 우리는 첫 도전을 시작했다. 용의 꼬리가 될지언정 새로운 길을 걸어 보고 싶었.

그때부터 서울을 오갔던 것 같다. 공연 기획자라는 타이틀은 이제 완전히 벗어던졌다. 어딘가에서 취업 제의가 들어와도 전부 마다했다. 작업실도 구했고, 공부도 시작했다. 공연도 훨씬 잦아졌다. '도전'이라는 명목하에 행하는 일들은 과거에 재미로 행하던 일들과 달리 자주 난관이 찾아왔다. 몇 번의 실수도 용납하던 예전과 다르게, 내 스스로에 대한 나의 기준이 높아만 갔기 때문이다. 소속이 있었기에 오는 부담도 컸다. 자신감이 말라비틀어져 앙상해질 때도 있었지만, 도전이 있으면 언젠가 발전도 있을 거라 생각했다. 그것이 아주 작은 크기일지라도 상관없었다.

그리고 몇 년이 흐른 지금, 나는 일을 끝낸 야밤에 방 스탠드 등만을 켜 놓은 채 이 글을 쓰고 있다. 올해가 시작되기 직전 받아 본 출간 제안 메일은 정말 오랜만에 나를 설레게 했다. 언젠가부터 나는 매년 한 해의 목표 같은 걸 정해서 메모해 둔다. 그렇다고 빡빡하고 과한 목표를 설정하진 않는데, 이미 실패했던 경험이 수두룩하기 때문이다. 그래서 이를테면, 일주일에 걷기 운동 두 번은 하기, 석 달에 한 권의 책은 읽기, 엉터리 곡이라도 두 달에 한 곡씩 쓰기, 연간 싱글 두 곡 발매 등 꽤 널널하고 충분히 이룰 수 있을 정도의 목표들을 세운다.

올해의 목표는 그 수가 더 줄어들었다. 바로 지난해에도 뭐 하나 제대로 해내지 못해서다. 그런데 덜컥 출간 제안을 받아들이고 나니 엄청나게 커다란 목표가 하나 적혀 버린 셈이 되었다. 아마 우리 딴에는 매우 큰 도전이 될 테고, 지금까지 해온 종류의 도전과 다른 부류일지도 모른다. 그래도 오래간만에 찾아온 이 '도전'이라는 명사가 내심 매우 반갑다. 상투적인 단어라고 생각하여 평소에는 별로 애정을 두지 않는 단어였지만, 그럼에도 반갑다. 가끔은 노래 안에 짧고 함축적인 가사로 담아 미처 다 전달하지 못했던 이야기를 털어놓고 싶기도 했으며, 기획자로서의 길을 버리고 공연자로 살아온 지난 몇 년간을 정리하고 싶기도 했는데, 지금이 딱 적절한 때인 듯하다. 맘에 든다.

  기타를 치지 않은 지 정말 오래되었다. 가끔은 이래도 되나 싶다가도, 이 책이 우리 음악의 연장선이라는 생각이 들어 조금은 마음이 놓인다. 요즘은 자판이 내 기타라고 여기기로 했다. 마이크는 이 책 한 장, 한 장의 종이가 될 것이다. 부디 이 이야기가 우리의 노래와 맞닿아 너그럽게 읽히길. 노래를 모르는 사람들에게도 편안하고 정답게 읽히길 바라 본다.

SIDE
A

우리는 이것을
꿈의 수정
이라고 생각했다

신탄진

우리의 날들은 지고 있었다. 뉘엿뉘엿 서쪽을 향해 넘어가는 해처럼, 나는 우리의 짧았던 이 생활이 끝나 간다고 생각했다. 그 배경에는 내가 어릴 적부터 곧잘 가졌던 고갈의 익숙함이 깔려 있다. 매번 에너지가 다하지 않게 핫식스와 커피를 번갈아 마시며 출발과 멈춤을 반복하던 여정이 어느새 신탄진 즈음에 와 있었다.

    이 시각 고속도로를 달리는 차는 몇 대 없다. 오른쪽 구석에는 큰 대형 트럭이 무언가를 가득 싣고 줄기차게 내달리고 있으며, 가끔 과한 속도로 왼쪽을 빠르게 스쳐 지나가는 승용차 한두 대가 나를 놀라게 만들 뿐이다. 두 손은 꽤 오랜 시간 핸들에 고정되어 촉촉한 땀이 배기 시작했고, 영국이는 참았던 졸음을 끝내 이겨 내지 못하고 잠시 잠들어 있다.

　스피커에서는 음악이 끊임없이 흐른다. 오전에 틀어 놓은 플레이리스트가 아직 끝나지 않고 재생되고 있다. 잘 닦인 도로 위에 고요함만이 둥둥 떠다니다가 음악소리에 묻혀 사라진다. 가끔 어깨와 목이 뻐근하기도 하지만 나는 이 시간의 적막이 나와 닮았다고 생각하기도 했다. 불현듯 찾아오는 무서운 상상에 긴장이 쉽사리 사라지지 않지만, 마침내 하루를 마무리한다는 기분은 오늘의 끝자락을 위로해 준다.

　하루를 시작한 시각은 오전 10시 반 즈음. 왼팔과 오른팔에 기타와 가방을 각각 맨 채 집을 나서 차곡차곡 차에 실은 뒤, 더 먼저 준비를 끝내고 나를 기다리고 있던 영국이를 만나러 출발했다. 용전 사거리 즈음에 도달하면 전화를 걸어 도착이 임박했음을 알리는데, 매번 그렇게 우리는 정해진 위치에서 만난다. 날씨가 별로라는 둥, 피곤해 죽겠다는 둥 간략한 한탄 또는 짧은 너스레를 떨며 톨게이트 근처 주유소에 들러 기름을 채우곤, 주유소 옆 패스트푸드점에서 할인 메뉴를 하나씩 주문하여 가는 길에 먹기로 했다.

　분명 11시 출발을 하자고 했건만, 워낙 쭈뼛거림이 많은 내 탓에 역시나 톨게이트를 벗어나는 시간이 예상보다 늦어져 버렸다. 고속도로를 탈 때면 평일과 주말을 감안하여 시간을 잘 고려해야 한다. 정오를 전후로 벌써 막혀 오는 도로 위에서 내비게이션 경로를 이리저리 바꿔 보지만, 액정에 보이는 시간보다 더 빨리 도착할 수 없다는 걸 잘 알고 있다. 휴게소에 잠시 들러 커피를 샀다. 그리고 오늘의 세트리스트(뮤지션이 공연할 때, 곡 목록을 순차적으로 기록해 놓은 문서. 주로 무대 바닥에 깔아 두고 공연 때 힐끔힐끔 쳐다보며 진행한다)를 다시 한번 살핀 뒤 공연 이야기를 살짝 나눴다. 그렇게 잡다한 대화와 더불어 가다 서다를 반복하다 보니 저 멀리 서울 톨게이트가 보이기 시작했고, 그 네모반듯한 문을 통과하여 사오십 분가량을 더 달리니 홍대 근처에 도착했다.

    줄곧 대전에서만 활동하던 우리가 서울 공연을 시작한 건 2016년의 어느 더웠던 여름이었다. 물론 그전부터 이런저런 녹음과 발매 준비를 위해 오가긴 하였지만 정식으로 서울에서 노래를 부른 건 그해 여름이 처음이었다. 당시까지만 해도 아직 '혹시몰라준비한팀'이라는 팀명을 쓰던 우리는 새로운 레이블에 소속이 되어 이름을 바꾸고, 싱글을 발매하면서 서울에서의 본격적인 활동을 시작했다. 어릴 적 마냥 꿈꾸던 일을 고향에서나마 하고 있던 것도 신기했는데 서울이라니. 뿌옇게 처리된 사진처럼 막연했던 것들이 어쩌다 또렷한 현실이 되어 있었고, 우리는 앞만 바라본 채 성큼성큼 내달렸다.
    일정한 수입이 없던 나는 때마침 대출을 받았다. 지금 아니면

'전업' 뮤지션의 삶을 살 수 없겠다는 마음을 안은 채 퇴사한 지 1년가량 지났을 때였는데, 모아 둔 돈이 다 떨어져 갈 즈음이기도 했다. 공연과 몇 가지 잡일을 번갈아 하며 푼돈을 조금씩 벌긴 했으나 항상 부족한 건 마찬가지였다. 은행으로부터 손을 벌린 이 돈이 다 떨어질 때까지는 어찌 되든 지금 하고 있는 이 짓을 계속해 보자는 마음이 컸으므로, 한편의 불안감도 주머니 곳곳에 잘 구겨 넣어 감출 수 있었다. 후회 또한 없었다.

　우리는 이런저런 부침을 겪으면서도 크고 작은 무대에서 노래하며 몇 년을 줄기차게 보냈다. 원래도 적지 않았던 우리의 나이도 하나둘씩 늘어 갔다. 유년 시절 꿈꾸던 일을 나이가 들어서 할 수 있다는 건 얼마나 축복받은 일인가. 형체를 알아볼 순 없었지만 꿈과 비스무리한 것이 스멀스멀 올라왔고, 그 무언가를 조각하면서 모양을 잡아 가는 것이 좋았다. 이상을 품은 채 앞으로 나아가는 일은 꽤 괜찮은 일이었는데, 진정한 의미의 희망 같은 것이었다. 노래를 만들고 부르는 걸 도와주는 사람들이 생겼다. 공연을 하면 꾸준히 와 주는 분들도 생겼다. 상상은 했지만 막상 닥치니 감사한 것들이 가득했고, 우리는 이런 것들을 원동력 삼아 지구 끝까지라도 달리고 싶었다.

　하지만 그러던 동안에도 조금씩의 불안은 꾸준히 찾아왔다. 벽을 마주하는 순간은 생각 외로 자주 찾아왔는데, 가끔 나는 잘못된 장소에 놓여 있다고 느끼면서도 그 탈출구를 쉽게 찾지 못했다. 즐기는 사람으로 산다는 건 고수들이나 행할 수 있는 것, 고도의 컨트롤이 필요한 것이기도 했다. 오래된 에너지 소모로 한겨울 긴 수면을 취하는 동물처럼 아주 릴랙스 된 상태의 편안함을 좇기도 하였으며, 당장 내일 맞이할 나의 모습에도 확신이 없는 날들도 있었다. 그렇지만 그 내일은 여전히 기다려지고 맞닥뜨리고 싶은 순간이기도 했다. 계속해서 다음 주를 그리고, 다음 달을 그려야 한다는 생각으로 머릿속을 채운 채 몇 달을 보냈다. 적어도 멈추지는 않은 걸음이었다.

    오늘의 공연은 짧지도, 그렇다고 길지도 않았다. 아직도 긴장 없애는 법을 완전히 터득하지 못한 나는 역시나 합주할 때만큼의 연주도, 노래도 하지 못했다. 그럼에도 공연을 마치고 난 뒤의 안도감 또는 후련함은 어김없이 찾아왔는데, 이는 중독과도 같아서 나에겐 공연 중의 희열이라 말하는 그런 종류의 감정보다 소중했다. 주로 몸이 먼저 이 감정을 알아채고 신체적 신호를 보내오곤 하는데, 우리는 언제나처럼 이 신호를 출출함이라 해석한 뒤 내려가는 길에 간단한 요기를 했다.

    시계가 자정을 가리킬 무렵, 낮에 통과했던 서울 톨게이트를 빠져나왔다. 아까와는 다르게 한산하기 그지없는 차선 위를 빠르게 달리기 시작했고, 주변을 함께 달리던 차들은 시간이 흐를수록 자취를 감춰 갔다. 주위를 밝혀 주던 가로등도 내려가면 갈수록 그 간격이 넓어져 한동안은 달빛이 꽤 선명하게 보이기도 했다.

굳이 티를 내지 않았지만 오늘따라 우리는 둘 다 하품이 잦았다. 피곤함 때문이었는지 내려가는 길에 늘 얘기하던 내일의 계획, 다음 주의 계획에 대해서도 일언반구가 없었다. 출발하기 전에 산 에너지드링크를 홀짝홀짝 마시며 몇 마디를 떠들다가 영국이는 잠시 눈을 붙였고, 나는 흘러나오는 음악의 볼륨을 한 칸 내린 채 자동차 라이트가 밝혀 준 도로의 끝자락과 눈앞의 계기판을 바라보며 집으로 향한다.

나는 얼마 전 일을 구했다. 수중에 남아 있는 돈이 바닥을 드러내기 시작했고, 미루어 놨던 것들이 마침내 낭떠러지 부근에 도달했다고 생각했기 때문이다. 이건 꾸준함을 추구하던 여정 중 잠시 지친 나의 마음과도 맞닿아 있었다. 일을 하기 시작하자 자연스레 생활은 일정한 루틴에 의해 돌아가게 되었고, 작업실에 머물러 있는 시간이 줄어들었다. 평일에 공연을 잡을 때면 예전보다 마음에 걸리는 일도 생겨났다. 나는 종종 이 과정을 집으로 돌아가는 길이라 해석했고, 이 자연스러운 수순에 달하는 것이 마땅한 일이라고 합리화하기도 했다.

그리고 오늘, 집으로 향하는 이 고속도로 위에서 나는 문득 꿈꿨던 이상이 이제 고착화되어 그저 이상인 채로 굳어지고 있음을 깨달았다. 모르는 사이에 침범한 현실이라는 녀석은 생각보다 빨리 자리를 잡고 있었다. 억지로 멈추려 하지는 않았으나 예상했던 것보다 빠른 속도에 흠칫 놀라기도 하였다. 편히 쉴 수 있는 곳으로의 귀향 또는 귀가를 노래하는 여러 뮤지션들처럼 나도 이제 돌아가야 함을 실감했다. 수차례 오가며 여러 번 꿈을 꾸기도, 또 다시 버리기도 했던 그 경부선 하행길이었다.

    신탄진. 익숙한 표지판이 눈앞에 들어온다. 어릴 때 아버지 차를 타고 친척 집에 다녀올 때면 늘 "집에 다 왔다"라고 말씀하시던 곳. 대전의 북쪽 끝부분에 자리 잡고 있어 상행선을 탈 때면 항상 마주쳐야 하는 곳. 서울을 다녀오는 날이면 처음과 마지막에 반드시 한 번씩 지나치는 이곳에 도달하고 나서야 하루 종일 온몸에 붙어 있던 긴장이 사라지기 시작했다. 유독 긴장을 많이 하는 내가 드디어 조금 편안해진다. 어깨에 잔뜩 들어가 있던 힘이 사르르 풀리고, 머릿속을 휘젓고 있던 잡념들 또한 일렬로 정리되었다.

    아파트 단지가 나타나니 마침 어두웠던 고속도로가 밝아져 왔다. 호흡을 크게 한 번 소리 내어 내쉬어 본다. 이 순간의 편안함은 어렸을 적 느꼈던 그것보다 분명히 크다. 영국이가 잠에서 깼다. 그리고 우리는 종일 이야기하지 않던 다음 주의 일정과 계획에 대해 말하기 시작했다. 어찌 되었든, 우리의 오르내림이 신탄진 즈음에 와 있다고 한들, 내일의 일과 다음 주의 일은 계속해서 해 나가면 될 일이었다. 나는 이것을 꿈의 수정이라고 생각했다.

    아까 접어 놓은 이상이 밤을 돌아 새벽을 향했다. 창문을 조금 열어 환기를 시켜 본다. 세상이 멈춰 있는 듯 조용한 시간이지만, 결국 우리는 아직 달리고 있다.

한적한 고속도로를 달려가
내 앞의 유일한 동료는
가득 짐을 실은 화물차뿐
함께 밤을 밝히네
고단한 맘을 너도 알고 있나
안개에 모든 게 녹네
온통 바삐 돌아가는 차들
함께 달빛을 맞네
터널을 만나 난 숨을 참았네
바람 같은 건 이제 없는 줄 알았는데
난 꿈을 꿨다가 또 버리기도 하지
불빛 하나 없는 평야를 가르며
어느새 신탄진을 지날 때
이 지구의 반대편까지 달리면
내 마음 새로워 더 타오를런지
사실 난 달리고 또 달려 보고 싶어
이 밤이 끝나서 새벽에 다다라
어느새 철들어 버리기 전에
난 꿈을 참았네
바람 같은 건 이제 없다고 믿었는데
난 숨을 뱉고서 다시 호흡을 고르지
불빛 멀리 비춘 평야를 가르며
어느새 신탄진을 지날 때

공항에서

입국장을 지나 비행기에 올랐다. 좁은 통로를 비집고 좌석을 찾아 들어가며 아까 면세점에서 뿌려 댄 향수 냄새가 진동하고 있음을 알았다. 비슷하긴 하지만 분명 네게서 풍기던 그 향수와 똑같은 제품은 아니었으리라. 고민할 시간에 물어보면 되었을걸, 나는 바보같이 종일 맡던 그 냄새를 찾아 면세점에 있는 갖가지의 향수를 다 뿌려 보았다. 아마 그 공항에서 여자 향수를 덕지덕지 뿌린 남자는 나 혼자이지 않았을까. 결국 혼자만의 추측으로 사 버린 향수가 담긴 면세점 봉투를 들고 좌석으로 향했다.

    자리에 앉아서야 너의 메시지가 눈에 들어왔다. 바닥 그 아래까지 가라앉아 있는 나의 상태와 다르게 매우 반짝이는 너의 이모티콘이 우리의 상황을 대변해 준다. 비행기가 떠나기 전, 세 줄이 꽉 채워지지 않은 가느다란 와이파이 신호의 끝을 부여잡고 간신히 답장을 보냈다. '다음'을 기약하고 싶었지만 어쩌면 그런 희망적인 미래는 없을지도 모른다고 생각하기도 했다. 다행히 이유 없이 밝은 노래가 이어폰을 타고 귓속으로 들어온 덕분에 마음을 온진히 잡아 냈다.

정기적인 수입이 생겨 돈을 모으게 된 지 얼마 되지 않았던 나는 가뜩이나 모자란 통장을 털고 털어 과감하게 비행기 티켓을 끊었다. 각자 일하는 시간이 달라 연락을 주고받을 타이밍이 좀처럼 맞지 않았던 우리는 문자로, 가끔은 짧은 통화로 안부를 전하는 게 전부였다. 어떤 날은 일이 바빠 연락이 잘 닿지도 않았고, 어떤 날은 상대방의 마음을 확인하려 애쓰기도 했다. 그럼에도 애틋함이란 건 여전히 각자의 어딘가에 남아 있었을 것이다. 그렇게 급작스레 항공권을 예매하고 나서야 나는 이것이 내가 가진 가장 따뜻한 종류의 마음일 거라 생각했고, 그 마음을 큰 배낭 속에 가득 담아 비행기를 타고 날아갔다.

무척이나 더운 여름이었다. 게다가 공항에서 빠져나와 처음 마주한 그곳의 바닥은 잠시 내렸던 비 때문에 축축하게 젖어 있기도 했다. 너의 퇴근 시간에 맞춰 일터 근처로 향했다. 어쩌면 서프라이즈 같은 걸 준비하고 싶었으나, 나는 그 정도의

'이벤트맨'은 아니었다. 너의 퇴근 시간은 유동적이었다. 근처를 한참이고 서성였으나 기다리던 연락은 한동안 올 생각이 없었다. 우리가 마주하게 된 것은 그로부터 한 시간가량이 지난 늦은 저녁. 반가움인지 어색함인지 모르는 그 중간 어느 즈음의 감정으로 인사를 나눴고, 근처를 서성이다가 결국 늦게까지 문을 연 식당을 하나 골라 들어갔다.

  우리의 대화는 별게 없었다. 애써 에둘러 표현하는 적이 없었던 처음 만난 때의 우리와 다르게, 둘의 대화는 하나의 구심점을 놓고 컴퍼스로 원을 그리듯 먼 곳에서 빙빙 돌기만 했다. 그럼에도 더 멀리 떨어져 나가진 않을 정도의 원심력만 유지한 채, 적당한 애정과 아직 다 벗어젖히지 못한 적당한 어색함으로 서로를 대했다. 사실 이게 나쁘지만은 않았다. 이 정도의 거리감은 당연히 존재하리라 여겼고, 그것과 별개로 진심은 어딘가에 숨어 있다가도 불현듯 나타나 전해질 거라고 생각했기 때문이다. 서로에게 술을 따라 주고 이런저런 이야기를 나누었지만 조금씩 꺾어 마시는 너의 모습을 보곤 나도 더 이상 권하지는 않기로 했다.

  길을 걸으며 너의 살아가는 이야기를 들었다. 전화 너머로, 메신저로 전해 듣던 것과는 다르게 훨씬 현실감이 전해지는 기분이었다. 어느 날엔 오전에 공부를 하고 오후엔 일을 하러 가며, 또 어느 날엔 순서가 바뀐 날을 살아간다는 이야기. 분명 내가 다 알고 있던 내용이지만 그 발걸음이 닿아 있는 거리를 직접 걷자니 매 순간의 분위기와 기분까지도 덩달아 느껴지는 듯했다.

　　문득 오래전 정립해 놓았던 나만의 개똥철학 하나가 떠올랐다. 후유증이 더 큰 쪽은 떠나간 사람이 아닌 남아 있는 사람이라는 것. 떠나간 사람은 도착한 그곳, 새로운 위치에서 적응하려 부단히 바쁘게 살아갈 테니 남아 있는 사람보다는 공백을 느끼는 정도가 훨씬 약하다는 것. 아마 너는 그랬을지도 모른다. 이 길을 걸으며 매번 처음 마주하는 일들을 대면하는 것이 얼마나 새롭고 신기했을까. 고향에 남아 있는 나만이 그 비어 있는 자리를 쳐다보며 허전함을 가까스로 채우려 애썼는지도 모른다. 나만의 개똥철학이지만 그 순간만큼은 자명한 사실이었다.

　　다음 날이 되어서 너의 룸메이트이자 가장 친하게 지낸다는 친구를 만났다. 훨씬 더 오래전부터 그곳에서 일을 하며 살고 있는 사람이었다. 우리 셋은 관광지라 불리는 명소 한두 곳을 돌아보았고, 너의 집에 들러 차를 마시며 TV를 보기도 했다. 내가 방문했기에 특별한 일을 하기보다는 그저 너의 터전 주변에서 늘 벌어질 법한 일상적인 일들을 행했다. 저녁이 되어선 쉽게 접할 수 없는 음식을 먹으러 가기로 했는데, 난생처음으로 몽골 음식을 먹어 보았다. 음식에 적응도가 느린 나는 만두와 가장 비슷해 보이는 음식만을 집중하여 먹었고, 너는 모든 음식을 골고루 잘 먹었다. 나는 차츰 이 상황 자체가 좋아졌다. 네가 보여 주는 날것의 삶 그대로가 곧이곧대로 나에게 날아와서 앉는 기분이었다. '이 순간도 언젠가는 필름처럼 남겠지'라는 생각이 들기도 했다. 떠나야 할 시간이 가까워지는데도 무작정 지금 당장을 즐기고픈 마음이었다.

누구에게나 그렇듯 시간은 애석하게도 너무 빨리 흐른다. 주말을 두고 간신히 앞에 휴가를 하루 끼워 넣어 떠난 짧은 여행이기에 더더욱 그랬다. 예전에 짧은 어학연수를 위해 캐나다에 가 있을 때, 그곳에서 알고 지내던 친구를 만나러 한국에서 그의 남자친구가 온 적이 있었다. 겨우 나흘도 채 되지 않는 기간밖에 머물지 못하면서 그 먼 길을 달려오다니. 참 대단하면서도 안타까워 보였는데 그 비슷한 상황을 내가 맞게 될 줄은 정말 꿈에도 몰랐다. 그제야 그때 그 친구가 말하던 '장거리 연애'에 대한 단어들이 뾰족한 송곳이 되어 나를 찌르고 있음을 깨달았다. 그랬다. 장거리 연애, 흔히들 말하는 '롱디'('long distance relationship'의 줄임말)는 짧은 만남을 뒤로하고 돌아가야 할 때부터 진정 발동되는 거로구나.

언젠가부터 참 좋아하던 영화 〈라이크 크레이지〉(2011)를 자주 떠올려 댔다. 지독하게도 현실적으로 장거리 연애를 표현하는 이 영화를 보고 나면 눈물보다 먹먹함만이 남는데, 그 먹먹함은 자연스러움과도 연결되어 오히려 한숨 섞인 미소까지 짓게 만든다. 어쩌면 우리는 둘 다 마음 한켠 어딘가에 그런 장면을 숨기고 있었을지도 모른다. 앞날이 무궁무진하면서도 너무나 불안정한 우리는 쉽게 미래를 장담하지 못했고, 나는 그것이 미치도록 이해가 되어 너를 응원하곤 했다. 물론 평소에 해피엔딩의 로맨틱 코미디물을 좋아하던 나는 막연하게 '밝은 언젠가'를 그려 보기도 했다. 함께한 시간보다 떨어져 있는 시간이 더 많던 우리가 어쩌면 로맨틱 코미디의 주인공들처럼 급작스러운 발전을 이룩할 수도 있겠다고 생각했다.

    우리는 공항 근처에서 작별 인사를 나눴다. 공항까지 오겠다는 너를 말리며 지하철역 개찰구 앞에서 손을 흔들기로 했다. 나는 섣불리 어떠한 약속도 하지 않기로 다짐했다. 아니 해선 안 된다고 생각했는지도 모른다. 개찰구 근처에 다다르자 심장이 미친 듯이 뛰기 시작했다. 이것은 분명 중추신경계의 적절한 반응이었을 것이다. 왜인지 모르게 우리는 고맙다는 인사를 하며 밝게 웃어 보인 뒤 각자의 방향으로 몸을 틀었다. 밖으로 나와 담배를 한 대 태웠고, 마치 커다란 것을 깔끔하게 정리하려는 사람인 양 커다란 숨을 한 차례 내쉰 뒤 공항으로 향했다.

    체크인을 하고 보안검색대를 지났다. 워낙 간편하고 단출한 모양새로 날아왔던 터라 모든 과정이 빠르게 지나갔다. 화장실에 들어가 세수를 하고 거울을 쳐다보았다. 이제야 줄곧 차분함을 유지했던 내 모습에 약간의 후회가 들기도 했다. 하지만 너

또한 한결같은 모양새로 나를 이해해 주고 있던 것 또한 알고 있기에 조금은 가벼워졌다. 유난히 생각의 흐름이 자동 생산라인 기계처럼 한 방향으로만 돌고 있었다.

    면세점 앞을 기웃거리다 익숙한 냄새를 맡았다. 분명 네게서 어렴풋이 풍기던 그 향수 냄새 혹은 화장품 냄새와 흡사했다. 무작정 들어가 점원에게 지금 주변을 떠돌고 있는 냄새가 뭔지 물었고, 의도와는 다르게 최근 유행하는 향수 몇 개를 추천받았다. 똑같은 제품을 찾아내려 몇 번의 시향을 한 탓에 분별력이 사라진 나는 마지못해 처음 집어 들었던 향수를 구입했고, 그것을 이 여행 전체의 향이라고 정의 내리기로 결심했다.

    안내 방송이 흐르고 이어진 이륙 신호음, 어느덧 비행기가 하늘로 날아오른다. 나는 이착륙을 꽤 무서워하지만 온 신경이 마지막으로 주고받은 메시지에 머물러 있었기 때문에 처음으로 무서움이 느껴지지 않았다. 수평이 아닌 수직으로 작동한다는 기내의 특이한 공기순환 방식 덕인지 향수 냄새는 빠르게 사라졌고, 제자리에서 가만히 회오리치기만 하던 수십 개의 감정 또한 덩달아 함께 빨려 나가면 좋겠다고 생각했다.

    좌측으로 기울며 항로를 변경하는 비행기 탓에 잠시 현기증이 왔다가 사라졌다. 이어폰에서는 여행을 시작할 때 만들어 놓은 플레이리스트가 재생되고 있었고, 눈앞의 작은 화면에는 20,000피트라는 고도만이 표시되고 있었다. 나는 마침내 줄곧 쳐다보던 핸드폰에서 눈을 떼고 전원 버튼을 꾹 누른 뒤 잠을 청했다. 네가 살고 있는 기다림의 도시 상공을 떠나는 순간이었다.

작사: 이강국 | 작곡: 이강국 | 편곡: 최영두

떠나는 비행기 안
니가 뿌린 향수 냄새 옅게 퍼져
땅 아래 너에게도 전달될까
복잡한 마음
이틀의 짧은 시간
더욱 짧던 광장 뒤 어느 길가
그곳에 언제까지 남아 있을까
우리의 자리
먼 길을 떠났던 너를 만났지   낯선 이 낯선 땅 위에

외로움은 없을까
흐르는 노래 소리

니가 보낸 메시지가 자꾸 보여

조금 더 말해 주고 돌아올걸
솔직한 마음
이틀의 짧은 시간   너무 짧던 공항 앞 어느 도로

그곳에 언제까지 남아 있을까
우리의 사랑

먼 길을 떠났던 너는 말했지

익숙한 이 도시 속에

기다림이 있다고

이만 피트 상공에서 널 떠올려

내가 주었던 건 진심의 적막

니가 건네준 건 따스함의 발단

바다 건너 내 품으로 올래
그래 주겠니

                    이만 피트 상공에서 널 떠올려

              내가 주었던 건 진심의 적막

바다 너머 니 품으로 갈래
그래도 될까

              내가 주었던 건 진심의 적막

바다 너머 니 품으로 갈래
그래도 될까

내가 너에게

인생에는 시험 기간 같은 게 있다. 평소에 이런저런 문제들을 공부하고 연습 삼아 풀곤 하는데, 어느 시점에 이르러 그걸 테스트하는 때가 찾아온다는 말이다. 평소의 나에겐 꽤나 쉬운 문제가 주어지는 일이 많았다. 생각만큼 큰 고민을 하지 않아도 금방 풀어낼 수 있는 문제들, 몇 가지의 옵션을 두고 하나를 택하면 되는 상대적으로 쉬운 난이도의 문제들. 적어도 내가 느끼기엔 그랬다. 그래서인지 인생을 조금 쉽게 사는 것 같다는 말을 듣기도 했나 보다.

    일두 형이 처음으로 대전에서 공연했을 때였나. 어쩌다 운이 좋았는지, 아니면 대체 어디서 갑자기 그런 패기가 발동했는지,

나 혼자서, 강국이 형도 없이, 그 공연의 게스트로 라인업에 이름을 올린 적이 있는데, 그날의 공연을 마치고 일두 형에게 받은 사인에는 "사는 게 쉽다 영국아"라고 적혀 있었다. 당시 일두 형이 사인을 해 준 그 앨범명은 《Life is Easy》(2016)였으니, 그는 역시나 천재 같은 사람이었다. 그런데 나도 조금은 비슷한 성향이었던 게 아닐까. 사는 게 그리 어렵지 않았다. 아마도 평생 다닌 교회에서 어릴 때부터 어떠한 상황에서든 감사할 이유를 찾는 방법을 배우고 연습했기 때문일까. 아무래도 무엇인가에 믿고 의지한다는 것이 삶을 쉽게 살아가는 데에 많은 도움을 준 것은 확실했다.

아무튼 내게 인생은 조금 쉬웠다. 어떤 시험 문제가 주어진다 해도 곧잘 풀어냈다. 굳이 예를 들자면 '돈이 없을 때에는 어떻게 헤쳐 나가야 하는가' 혹은 '사람과 다투었을 때에는 어떻게 해야 하는가', '사람과 사람이 만나고 헤어지는 일에는 어떠한 역학이 있는가', 그리고 '나와 맞지 않는 사람과 일을 하게 되었을 때에는 어떻게 해야 하는가' 하는 문제들. 난해하다고는 해도 풀기 어려운 정도는 아니었다. 이런 문제들은 공부를 거의 하지 않아도 만점에 가까운 정답을 서술할 수 있었고, 만약 내 삶에 '인생학'이라는 수업이 있다면 무리 없이 A학점을 받았을 것이다.

어떤 시험이 온다 해도 해결할 수 있다는 믿음과 감사가 가득한 때였다. 자신감도 충만했기에 딱히 겁나는 일도 없었다.

그런데 얼마 지나지 않아 새로운 시험 문제가 주어졌다. 지금까지 풀어 온 모든 시험이 옅은 안개가 되어 날아가듯 저편으로 사라질 만한 문제. 살면서 생각하지도, 받아 보지도 못한 극한의 난제였다.

'아버지가 쓰러지셨을 때는 어떻게 해야 하는가.'

분명 어릴 때 종종 부모님이 연락도 안 되면서 늦게까지 들어오시지 않는 날이면 혼자서 상상에 빠져 '이러면 어떻게 해야 하지?', '저러면 어떻게 해야 하지?' 하는 연습도 많이 했는데, 막상 이 문제를 실제로 받아 보았을 때에는 머리가 멈춰 버렸다. 두뇌를 아무리 돌려 보려 해도 어떻게 해야 되겠다는 체계적 사고가 전혀 작동하지 않았다. 해일이 일어 너무나 큰 파도가 눈앞까지 도달했음에도, 휩쓸려 가는 것 말고는 아무것도 할 수 없다는 생각에 그저 멍하니 바라만 보고 서 있는 느낌이었다.

신발을 제대로 신었는지, 아니면 꺾어 신었는지, 그 어떤 감각도 몸에 닿지 않는 상태로 문을 박차고 뛰었다. 어떠한 정신으로 운전을 했는지도 모르겠다. 그저 겁나는 일과 안도하는 일에 대한 상상을 번갈아 가며 했던 것 같다. 논리 회로라는 것이 있다면 부디 오작동이라도 하길, 그래서 그 어떠한 생각이라도 들길 바랐다.

'하나님, 이럴 땐 대체 어떻게 해야 하는 걸까요. 어찌하여 이런 시련을 내게 주시는 건가요. 내가 이럼에도 감사할 수 있는 건가요. 왜, 대체 왜!'

　기도라고 하기 민망할 정도로 원망과 울음이 섞인 비명을 지르면서 병원으로 달려갔다. 간신히 도착한 병원의 응급실. 그곳에 걸려 있던 시계는 대체 제대로 작동을 하는 건지 고장이 난 건지, 빠르게 가다 느리게 가다를 반복했다. 이상한 시간이었다. 시간이 이렇게 제멋대로 흐르다니. 내가 정말 올바른 시공간 속에 있던 것일까. 지금껏 살면서 알아 왔던 그 시간의 흐름이 맞는 것일까. 그때를 떠올리면 아직도 잘 모르겠다.

　얼마나 흘렀을까. 의사 선생님이 무덤덤한 표정으로 나오셨다. 선생님의 입 모양만을 바라보았고, 두 손을 모아 경청했다. 아마도 그때까지 원망이 대부분이었던 그 기도가 계속되었던 것 같다. 그리고 그 원망은, 조금만 늦었어도 정말 위험했다는, 드라마에서나 나오는 줄 알았던 대사 같은 말을 듣고서야 멈췄다. 드라마에서는 짧게 지나가는 대사였겠지만, 현실에서는 한없이 길게 느껴졌다. 그 순간 할 수 있는 건 "감사합니다"라는 말을 무한 반복하는 것뿐이었고, 실제로도 그랬다. 방금 전까지 보내던 원망을 다시 감사로 덮으려면 수 세기가 필요할 것이다. 나를 이루었던 성의 한쪽이 무너졌다. 인생이 너무 어려워진 날이었다.

〈내가 너에게〉(2018)를 썼을 때쯤, 그때의 상황을 자세히 기억하진 못하지만 딱 하나 선명한 것이 있다면 어느 날 바라보았던 아버지의 그 뒷모습이다. 아마도 오래 다니던 직장을 그만두시고 나서 새로운 일을 하셨던 때로 기억하는데, 그날은 특히 아버지의 입술이 아닌, 뒷모습이 내게 말을 하는 것 같았다.

"괜찮아, 아직 기대도 된단다. 하지만 오늘은 이상하게 나도 힘이 드는구나."

누구에게나 그렇듯 아버지는 내게 언제나 든든한 존재였다. 어릴 때부터 지금까지 내가 어떤 일을 하건 묵묵히 응원해 주신 아버지는, 어쩌면 누구보다 나의 튼실한 자립을 바라셨을지도 모른다. 하지만 내가 어떠한 인생을 살건, 그걸 나의 몫으로 넘겨 두고 그저 믿어 주셨다. 아버지 같은 사람이 되고 싶다고 바랐기 때문일까. 아버지의 뒷모습이 내게 넌지시 건네는 저 말은 마치 미래의 내가 다른 이에게 하는 말처럼 느껴지기도 했다.

아버지의 입장이 되어 본다. 몇 십 년 동안 하나의 일만을 해 오다가 어느 날 그걸 그만두게 되었고, 가족의 생계를 위해 예순이 넘은 나이에 난생처음 해 보는 새로운 일을 구했다. 누구보다 성실하게 살아왔다고 자부하지만 현실은 녹록지 않았다. 그래서 더더욱 쉴 수가 없다. 아직은 아내에게, 아들과 딸에게, 당당한 아버지로서의 모습을 보이고 싶다. 속으로는 조금 쉬엄쉬엄 세상을 살아 내고 싶지만, 아직은 아니다. 이제는 힘에 부치는 때가 잦아져 누군가에게 기대고 싶기도 한데, 그 말을 선뜻 꺼내기가 어렵다. 그래도 오늘만큼은 조금 기대어 쉬고 싶다.

 이렇게 아버지에게 나를 투영시켜 보니 그제야 조금은 알 것 같았다. 아버지도 똑같은 사람이기에 나약한 내가 수시로 가졌던 것과 비슷한 감정을 갖고 계셨을 텐데 왜 그걸 몰랐을까. 이 곡을 쓰면서 한참 동안 아버지의 마음을 생각했다. 그리고 그 이후로 한동안 아버지의 짐이 되지 않기 위해 발버둥 쳤다. 아직 가족을 먹여 살리는 일과는 거리감이 있었지만 적어도 착실히 무언가를 하고자 했다. 하지만 금세 인생을 쉽게 사는 나로 돌아가 버리기도 하였다. 역시 나는 나였고, 노래는 노래였으며, 아버지는 아버지였다.

 아버지는 응급 수술을 받으신 후 며칠이 지나 퇴원하셨다. 그제야 돌아가지 않던 머리가 조금씩 재가동을 시작했다. 아직 완전한 작동은 아니었지만 그래도 일말의 안도감이 만들어 낸 생각들이 꼬리를 물었다. 성처럼 크고 웅장하게 느껴졌던 아버지가 작아진 건 사실 하루 만의 일이 아니었을지 모른다. 〈내가 너에게〉를 썼던 시점부터 나도 모르게 작아지던 아버지를 어쩌면 내가 외면한 건 아닐까. 그때 더 알아채고 준비했더라면 무언가 막을 수 있지 않았을까. 여러 가지 나를 괴롭히는 생각들이 이어졌고, 이런 노래를 썼음에도 아직 아버지가 기댈 수 있는 존재가 되지 못했다는 현실이 너무 처참했다. 나는 사랑까지 흉내 내는 사람이었다. 그럴싸한 나를 만들어 포장했지만, 그때만 잠깐이었다.

    더 이상은 안 된다. 음악만 하며 사는 건 이제 그만. 처음으로 직장을 가졌다. 너무 늦은 시작은 나를 보통의 삶에 쉽게 닿지 못하게 했다. 모든 게 어색했고, 어려웠다. 하지만 이제는 정말 나를 변화시켜야 했다. 아침부터 저녁까지 일을 해야 하는 직장에 나가 그나마 평소에 할 줄 알았던 기술을 써먹었다. 어딘가에 부하가 걸린다 해도 돌려야만 했다. 여타 다른 옵션은 존재하지 않는다. 그렇게 나의 인생은 한 기점을 맞이했다.

    삶은 달라질 것인가. 설령 달라지지 않는다 해도 아버지가 기댈 수 있는 존재가 되어야 하기에, 아버지가 감내해 왔던 시간만큼 나도 그래야만 한다. 다행히 아버지는 건강을 많이 되찾으셨다. 감사를 거듭하는 기도가 더 닿아야 할 텐데. 이제 인생은 생각만큼 쉽지가 않다. 이번 시험 기간은 좀 길다.

작사: 전영록 | 작곡: 전영록 | 편곡: 박중헌

오늘은
어떤가요
힘들진
않았나요
나의
사랑하는
사람아
그대가
힘들 땐
나의 어깨에
기대어
마음껏 쉬어도 돼
요즘은 어떤가요 외롭지는 않나요
나의 하나뿐인 사람아
그대가 슬플 땐
나의 커다란 품에 안기어
마음껏 울어도 돼 하지만 오늘은
내가 너에게 내가 너에게
가끔은 내가 너에게
오늘은 내가 너에게
기대고 싶단 말이야
사람들은 나에게 말하죠
너라면 힘든 일도
견뎌 낼 수 있을 거라고

하지만
내게도 벅찬
일들이 있는데
한 번도 말한 적은 없지만
오늘은
내가 너에게 기대고 싶단
말이야
내가 너에게 기대고 싶단
말이야

가끔은
　내가 너에게
기대고 싶단 말이야
　오늘은 내가 너에게
　　기대고 싶단 말이야

혹시라도 그대 내게 오늘도
이해를 바랬었던 거라면
미안해요 나도 힘이 들어서
그댈 안아 줄 수가 없네요
혹시 그대 내게 조금이라도
줄 수 있는 맘이 있다면
오늘 한 번만 내게 줄 수 있나요
내가 너에게 내가 너에게

동백꽃

별안간 찾아왔던 급작스러운 후회로 쓰린 속과 머리를 붙잡고
지내던 날이 있었다. 서른을 맞이하였음에도 딱히 앞이 보이지
않던 삶에 무기력과 허탈함이 동시다발적으로 들이닥쳤고, 밖을
나간다 한들 딱히 할 것이 없던 나는 괜한 노래 몇 곡만을 틀어 놓은
채 방에 처박혀 컴퓨터 모니터를 멀뚱멀뚱 쳐다봤다가 침대에
누웠다가를 반복했다. 나의 이십 대는 누구보다 미성숙했다고
생각했기에 서른엔 반드시 그걸 탈피하여 새로운 사람으로
거듭나야 한다는 압박감이 밀려왔으나, 내겐 직업도 수입도
없었고 세워 둔 계획도 없었다.

    그날은 마침 선선한 바람이 불었고, 이런 불그스름한 저녁에

동네 마실을 나갔다가 친구와 맥주 한 캔을 마시면 딱 좋겠다는 생각이 들었다. 하지만 딱히 불러낼 친구가 없었다. 아니, 마음을 털어놓을 사람이 가까이에 없었다는 말이 맞겠다. 언젠가부터 나를 가장 잘 아는 친구들은 죄다 일터를 찾아 혹은 다른 이상을 찾아 살던 고향을 떠났다. 하나둘씩 어딘가로 가 버릴 때마다 이 동네에 남아 있는 건 나뿐이었다. 이러한 사실 또한 나를 괴롭혔는데, 모두가 도전이라는 과제 앞에서 용기를 내 집을 박차고 나가 무언가를 실행했지만 나만 그러지 못하였다는 이유 때문이었다.

 어릴 때부터 내겐 요상한 감정이 소용돌이 칠 때마다 과거의 마음으로 회귀하고자 하는 습성이 있었다. 그날도 어김없이 그런 프로세스가 찾아왔다. 좋았던 때의 정신 상태로 돌아가 기분을 괜찮게 만들 수 있는 아주 작은 일부터 행해 보는 것. 앞으로 가기보다는 뒤로 돌아갔다가 다시 헤엄쳐 나오는 나의 움직임을 보고 혹자는 쓸데없는 일이라고 말했으나, 내겐 하염없이 밑으로만 추락하는 감정을 복구할 수 있는 꽤 괜찮은 선택이었다. 저녁나절을 그런 프로세스로 채우고 나서야 기분이 조금 나아진 나는 방구석에서 혼자 기타를 퉁겼다. 보고픈 친구들을 떠올렸고, 노래를 불러 댔다. 서른에 다시 그려 본 어린 시절에는 낭만이 서려 있었고, 따스하다 못해 포근하기까지 했다. 〈동백꽃〉(2018)은 그렇게 처음 쓰여졌다.

그때쯤에도 이 시기가 되면 새싹이 돋았는지, 눈은 다 녹았는지, 이제 기억조차 남아 있지 않은 그해의 새 학기였다. 처음으로 들어선 교문, 비탈진 고개를 걸어 오르며 마주한 풍경, 여러 학교에서 모인 새 반의 동급생들. 모든 게 어색했던 3월은 아마 누구에게나 금방 잊혀질 만큼 가벼운 시기였을 것이다. 알게 모르게 낮게 깔린 분위기 안에서 나름의 세력 다툼을 하는 녀석들과 그 속으로 빨려 들어가지 않으려는 자들의 치열한 눈치 싸움, 그 와중에 조금씩 눈에 띄는 학업에 충실한 이들의 묵직한 한 방. 그렇게 나는 첫 고등학교 생활을 시작했다.

중학교를 다니며 친하게 지냈던 친구들이 모두 더 넓은 세상의 학교로 진학할 때에 나만 홀로 가장 후미진 곳에 위치한 이 험악한 학교에 떨어졌다. 유년기를 보내며 동네에서 몇 차례 마주친 익숙한 이들이 곳곳에 앉아 있었으나 서로 쉽게 말을 걸 분위기가 아니었고, 아마 그렇게 며칠이 훌쩍 흘렀던 것 같다. 어느 날 선생님이 건네 준 갱지에는 자기소개서 또는 신상명세서와 비슷한 형식의 문답 항목들이 빼곡히 쓰여 있었는데, 모두들 그에 대한 답을 나름대로 적어 내야만 했다.

그리고 그날 그 문답지는 언제나처럼 뒤에서부터 앞으로 넘어오는 방식으로 교탁까지 전달되었다. 때에 맞춰 뒤돌아 받은 서너 장의 문답지를 내 것과 겹치려던 때, 한 항목이 눈을 사로잡았다. 바로 뒷자리에 앉은 녀석이 작성한 듯한 취미에 대한 대답이었다. 팔랑거리던 그 갱지 중간에 적힌 네 글자는 '드럼 연주'. 나는 재빨리 종이를 겹쳐 앞사람에게 전달한 뒤 다시 뒤로 돌아앉았다. 그리고 솟구치는 궁금증을 이겨 내지 못하고 다짜고짜 말을 걸었다.

"너 드럼 쳐?"

이 짧은 질문 하나 덕분에 우리는 생각보다 빠르게 친구가 됐다. 가뜩이나 친구 사귀기 가장 쉬운 시기였기 때문일까. 각자의 자리에서 대각선 혹은 옆, 앞자리에 앉은 몇 명과도 꽤 친하게 지내게 된 우리는 자연스럽게 다섯 명의 무리가 되어 움직였다. 쉬는 시간이면 한자리에 모였고, 점심을 같이 먹기도 했다. 가끔 날씨가 청춘의 마음만큼이나 화창하던 날이면 버스를 타지 않고 3㎞가 넘는 길을 걸어 하교하곤 했는데, 느긋하게 바람을 맞으며 걷던 40분 남짓의 시간 동안 서로를 많이도 탐구했다. 그 시기의 여느 남학생들처럼 게임 하러 가는 길이 대부분이었지만, 순식간에 맘이 바뀌는 날이면 방향을 틀어 한 명의 집으로 몰려가 라면을 끓여 먹거나 노래를 듣기도 했다.

5월에는 두 친구의 생일이 있었다. 어떠한 방식으로 생일을 축하해 줬는지 기억이 나진 않지만, 기껏해야 주머니에 천 원짜리 두세 장만을 들고 다녔던 시절, 아마 선물을 사 주기보단 싸구려 삼겹살이나 분식을 먹으러 가는 게 전부였을 것이다. 그날은 5월의 마지막을 하루 앞둔 날이었고, 한 친구의 생일을 축하해 주러 모인 우리는 누군가의 한마디에 집중했다.

"모임을 만들자!"

이 얘기가 나오자마자 친구들은 모두 너 나 할 것 없이 동의했는데, 아마 앞으로 자신들이 무얼 하게 될지 전혀 모르면서 마냥 '오케이 사인'을 보냈을 것이다. 그날 우리는 약하기는 해도 십 대의 눈높이에서만큼은 꽤 든든한 울타리를 세웠고, 올라타도 부러지지 않을 낮은 사다리도 생겼다. 열일곱 해를 살면서 이룬 가장 건강한 건설이었다.

지금도 그런지는 모르겠으나 당시 학교에는 '수행평가'라 불리는 '일반 숙제보다 조금 더 분량이 많은 과제'가 존재했다. 급하게 이 과제를 해야 할 때면 다 같이 모여 밤을 지새우기도 했는데, 어떤 날에는 새벽 다섯 시가 다 되어 해 뜨는 광경을 목격했고 새벽길을 걸어서 등교하기도 했다. 왜 그렇게 걷는 걸 좋아했는지 모르겠으나, 우리는 시도 때도 없이 걸었다. 비가 오던 밤, 우산이 없어 쫄딱 젖은 몸을 굳이 숨기지 않고 오히려 맨발로 동네를 활보했다. 답답함이 씻겨 내려가는 기분이었기에 우리는 그 순간을 유독 즐거워했다. 생쥐처럼 젖은 서로의 모습을 쳐다보며 한없이 웃었다. 혼자서는 한 번도 가 보지 않았던 굴다리를 넘게 되다니, 몰랐던 길을 스스럼없이 탐험한 친구들 덕분에 나의 영역은 몇 미터 더 넓어졌다.

여름방학을 한 달 정도 앞둔 어느 날, 학교에선 교내 체육대회가 열렸다. 모든 순서가 끝나 마무리가 지어질 즈음, 운동장 한복판에 드럼과 앰프 등의 악기가 설치되기 시작했다. 이윽고 등장한 네 명의 학생들이 악기를 메고 흙바닥 무대에 섰다. 2학년 선배들인 듯했다. 자신들을 '위○○ 밴드'라고 소개한 형들은 세 곡의 노래를 연달아 연주했고, 분위기는 뜨거운 태양빛 아래에서 즐기는 축제로 변모했다. 그때 친구들이 눈앞에 보이는 악기들에 대해 묻기 시작했는데, 나는 기타는 줄이 여섯 개고, 베이스는 줄이 네 개이며, 드럼은 발 베이스, 스네어, 심벌 등으로 이루어져 있다며 그들의 호기심을 채워 주기 바빴다. 눈앞의 형들은 정말 멋졌고, 늘 밴드를 꿈꾸던 내게 6월 오후의 햇빛만큼 강한 인상을 남겼다. 아마 친구들 모두에게 그랬던 것인지, 그날 이후 친구들은 유독 악기에 관심을 가졌다. 우리는 각자의 상상 속에서 밴드 하는 꿈을 꿨다. 그리고 진짜 그 바람이 이뤄질 듯한 기운이 초여름의 하늘을 찔렀다.

선선한 가을이 올 무렵, 우리는 첫 발걸음을 내딛게 되었는데 그건 바로 악기를 사는 일이었다. 무일푼이었던 우리가 돈을 마련하기 위해 처음 한 일은 친구 어머니의 소개로 알게 된 대형 슈퍼마켓의 전단지를 돌리는 아르바이트였고, 짝을 지어 동네 곳곳의 아파트와 주택가를 며칠에 걸쳐 돌았다. 학교가 끝나자마자 전단지를 받아 들고 밤까지 돌아다니는 일은 꽤 힘들었으나, 노닥거리는 탓에 다리 아픈 걸 잊은 우리에게 마침내 20만 원가량의 돈이 주어졌다. 집에서 받아 온 용돈까지 십시일반 보태니 꽤 큰돈이 생겼다. 나와 친구들은 다음 날이 되자마자 대전의 홍명상가로 향했다. 지금은 폭파되어 사라진 그 상가 한 모퉁이엔 작은 악기점이 하나 있었고, 내가 처음 통기타를 샀던 곳이었기에 매우 익숙한 곳이었다. 우리는 일렉 기타 두 대와 베이스 기타 한 대, 작은 앰프를 깎고 깎아 이십오륙만 원에 구입했다. 지금이었으면 말도 안 되는 싼값이었는데, 분명 그만큼 질도 떨어졌을 것이다. 드디어 악기가 생긴 우리는 그날 기타 파트를 맡기로 한 친구의 집에 모여 쨍쨍한 기타 줄 소리에 감탄하며 하루를 보냈다. 코드 하나 짚을 줄 모르는 친구에게 나는 처음으로 C코드를 가르쳐 주었다.

　　네 명의 멤버와 한 명의 매니저. 무작정 하게 된 밴드였다. 아직 제대로 된 연주 하나 못하였지만 그래도 밴드는 밴드였다. 우리가 밴드를 만들었다는 소식이 교내에 퍼지던 어느 날, 체육대회 때 공연을 했던 2학년 형들이 우리를 찾아왔다. 형들은 영화〈친구〉(2001)에서나 볼 듯한 모습을 하고 있었다. 처음 대면하여 엄청나게 긴장한 우리에게 형들은 '동신고 락 페스티벌'을 만들고 싶다며 함께 해 보자는 제안을 해 왔다. 수능이 끝난 직후 학교 운동장에서 페스티벌을 열자는 것이었는데, 그 제안이 그렇게 멋있을 수가 없었다. 얼떨결에 승낙을 해 버린 우리는 그날부터 계획을 세우고 연습에 돌입해야만 했다. 결국 락 페스티벌은 학교 측에서 내세운 안전과 학습 방해 문제로 무산되었지만, 학교 축제 마지막에 따로 시간을 할애해 준다는 대답을 받아 내게 되었고 우리에겐 시작을 여는 두 곡을 연주할 기회가 주어졌다.

이렇다 할 연습실이 없던 우리는 조그마한 지하 락카페를 월 8만 원에 임대하여 사용했다. 6시에 영업을 시작하기 전까지 매일 마음대로 쓸 수 있는 조건이었는데, 대학생이었던 사장 형님은 우리와 나이 차이가 그렇게 많이 나지 않았음에도 꽤나 어른의 냄새를 풍기던 사람이었다. 그때 내게 처음으로 커피라는 것을 알려 준 사장 형님이 얼음 잔에 쓴 커피를 내려 주고 쿨하게 퇴장하던 모습은 아직도 눈에 선하다. 우리는 라디오헤드의 〈Creep〉(1993)과 이브의 〈Lover〉(2000)를 연습했고, 친구들의 연주 실력은 나의 예상보다 빠르게 발전했다. 얼마나 다행이었는지 모른다. 그렇게 기타 줄 개수조차 몰랐던 친구들은 어리숙하게나마 두 곡을 소화하기 시작했다. 지금과는 차원이 다른 집중력이 생기던 나이였고, 시절이었다.

우리는 그렇게 축제 말미의 한 부분을 장식했다. 네 박자의 드럼 스틱 부딪히는 소리로 시작하여 한꺼번에 환한 조명이 강당을 가득 채울 때의 희열은 우리를 전율케 했다. 지금껏 많은 공연을 했지만, 발끝부터 머리까지의 모든 신경이 그 정도로 쭈뼛

일어났던 적은 없었을 것이다. 우리는 떨리는 무대를 잘 마쳤고, 집에 돌아오는 버스 안에선 나란히 곯아떨어졌다. 다음의 기약 없이 끝나게 된 두 달간의 피 터지는 연습과 첫 공연이었다. 숫기 없던 우리들은 스멀스멀 올라오던 자신감 같은 것을 품었고, 서로를 자랑스러워했다. 젊음의 노력은 결코 배반하지 않음을 우리는 그렇게 배웠다.

    겨울을 지났다. 또다시 찾아온 봄의 씨앗과 함께 2학년에 올라갔다. 제2외국어를 똑같이 선택하면 같은 반으로 진급할 수 있다는 소리에 우리는 대학 진학의 가능성 같은 건 뒤로 내팽개쳐 둔 채 함께함을 택했다. 그리고 형들 의견에 따라 밴드를 합쳐 동아리로 만들고자 했는데, 고3이 되어 더 이상 학교 활동에 참여할 수 없던 형들 대신 내가 총대를 메고 회장직을 맡게 되었다. 그렇게 학교에 처음 만들어진 밴드 동아리 이름이 바로 '동백꽃'이다. 사실 이 이름에는 우리의 지분이 1도 없다. 당시 국어 책을 펼치다가 김유정의 「동백꽃」을 발견한 형 한 명이 이름을 붙였고, 나름의 해석을 가미하여 탄생하게 된 것이다. 하지만 형들이 활동을 하지 않았던 탓에 결국 '동백꽃'이라는 밴드명은 우리 다섯 명을 지칭하는 단어가 되었고, 그때부터 나는 교내에서 내 이름보다 '동백꽃 보컬'로 더 많이 불렸다. 어떻게 생겼는지, 어디에 피는지 알지도 못하는 꽃명을 본명보다 많이 듣는 건 재밌는 일이었으며, 그러다 보니 굉장한 소속감이 생기기도 하였다.

    2학년이 되자 우리 앞엔 새로운 고민들과 환경이 놓였다. 제일 커다란 건 역시 성적과 진학에 대한 압박이었다. 게다가 우리는 각자 집에서 부모님과의 크고 작은 갈등에 부딪히기 시작했다. 본격적인 방황의 날들을 맞이하게 된 것인지, 반항의 사이클이 돌아온 것인지 모두들 조용히, 또 같이 괴로워하는 날이 잦아졌다. 다시 한번 누군가의 생일을 핑계로 모인 우리는 난생처음 술을 입에 대었다. 대학생 행세를 하고 들어간 허름한 대학가 술집에서 고작 맥주 한두 병에 취해 다시는 술을 마시지 말자고 약속하기도 했다. 각자가 짊어진 저마다의 한숨 속에는 여러 이야기가 있었는데, 대부분 가정에서의 일들이 주를 이뤘다. 친구들의 가정사는 나의 것과 마찬가지로 혼란이 많았다. 그럴 때마다 우리는 서로를 찾았고, 한바탕 왁자지껄 떠들거나 놀이터에 앉아 맥주를 한 병씩 마시며 그걸 털어 냈다. 신분증 검사가 허술하던 그때였으니 가능한 일이었을 것이다.

    며칠간 〈춘천 가는 기차〉(1989)를 줄곧 들으며 야간 자율학습을 하던 때가 있었다. 대전에 살았던 나는 대체 서울 사람들이 느끼는 춘천행 기차가 어떤 것인지 잘 알지 못했으나, 가사를 곱씹어 들으며 특유의 해방감을 느끼곤 했다. 그러던 어느 주말, 답답함이 턱밑까지 차올랐다. 자율학습 때문에 어김없이 학교였고, 그날따라 정말 책상을 박차고 떠나야만 할 듯한 감정이 책 위의 빼곡한 글씨에 겹쳐 나를 툭툭 건드렸다. 나는 친구들을 꼬드겼다. 그리고 역시나 비슷한 욕구를 품고 있던 우리는 곧바로 학교를 뛰쳐나와 대전역으로 향했다. 운행표를 쳐다보며 우리가 갈 수 있는 가까우면서도 애매하게 먼 곳을 찾으니 충북 영동이라는 생소한 동네가 눈에 띄었는데, 40분이면 도착할 수 있는, 바람 쐬기에 가장 적합한 곳이었다.

  우리가 올라탔던 기차는 지금은 사라진 통일호였다. 운행료는 이천 몇백 원 남짓했던 걸로 기억한다. 전철과 비슷하게 생긴 열차에 올라탔고, 할머니들의 식재료 보따리 냄새와 매캐한 기차 연기 냄새가 뒤섞인 객실 안에서 어렴풋한 후련함을 느꼈다. 처음 가 보는 조용한 시골 마을에서 우리는 도랑가를 걸었으며, 벤치에 한참을 앉아 있다가 할머니가 혼자 운영하시는 식당에 들어가 삼겹살을 먹었다. 대여섯 시간 만에 다시 학교로 돌아왔지만, 기가 막힌 타이밍에 안고 있던 스트레스를 훌훌 털어버린 유의미한 떠남이었다.

  그 후로 우리는 몇 번의 공연을 더 했고, 독서실을 핑계로 새벽길을 수십 번 더 걸어 다녔으며, 사랑에 빠지기도, 첫 이별에 아파하기도 하며 남은 고등학교 시절을 보냈다. 가끔 새로운 친구들과 어울리며 서로에게 잠시 소홀해지기도 했지만 금세 다시

기존의 다섯 명으로 돌아가 원래의 자리는 여기라는 듯 우정을
확인했다. 수능이 며칠 남지 않은 날에 나는 다섯 중 한 명과 집을
뛰쳐나와 동해 바다로 떠나기도 했는데, 살면서 부모님 속을 가장
썩였던 일주일이기도 했다. 나머지 친구들은 그런 우리 둘을
내심 부러워하며 모아 둔 돈을 한두 푼씩 보태 주곤 훌훌 털고
돌아오라는 메시지를 남겼다.

나와 친구는 이번엔 무궁화호를 타고 대전에서 제천으로,
제천에서 묵호로 향했고, 그곳에서 실컷 바다를 쳐다보다가
집으로 돌아왔다. 당시 우리는 학교의 무분별한 규제에 저항했고
그것이 옳다고 믿었다. 수능을 앞두고 예민한 학생들의 두발을
왜 그렇게까지 잘라 대는지 이해할 수 없었고, 야간 자율학습
쉬는 시간에 짬을 내어 생일인 친구에게 촛불을 불게 해 주는 일이
뭐가 그렇게 잘못된 건지 알 수 없었다. 왜 공부를 해야 하는지,
또 왜 좋은 대학에 가야만 하는지 납득이 될 만큼 충분한 이유를
들은 적이 없기에 '그냥 해야 함'만을 강요하는 세상에 지쳤고
환멸을 느낀 시기였을 것이다. 나는 그때 처음으로 어떤 어른이
되어야겠다는 마음을 가졌다. 자식에게, 혹은 내가 무언갈 가르쳐
줘야 하는 사람에게 그들의 눈높이에서 충분히 공감해 주는
사람이 되리라 생각했다. 물론 지금 그것을 그때의 마음처럼 옳게
행하고 있는지는 모르겠다. 부단히 노력해야 할 것이다.

말도 많고 탈도 많던 수능이 드디어 끝났다. 교복을 입기 싫어

모두가 저마다의 색깔로 멋을 부린 요란했던 날 졸업을 했으며, 자연스럽게 대학에 진학했다. 해가 바뀌어 군대에 가는 친구들도 생겼다. 하지만 예상치 못했던 이별이 하나 남아 있었는데, 고등학교에 들어가 처음 사귀었던 그 '드럼 치는' 친구가 이민을 가게 된 것이다. 대학 생활을 하며 먹고 노는 일이 우선이었기 때문일까, 아니면 이별의 무거움을 크게 느끼지 못했기 때문일까. 우리는 그 친구의 심정을 깊이 알아주지는 못했다. 아마 모두가 군대를 다녀오면 금방 만나게 되리라 막연하게 생각했을지도 모른다. 영장이 나와 있는 친구들이 대부분이었으므로 정작 헤어짐보다 군대에 대한 두려움이 더 컸던 때였다. 공항에서 우리는 어설픈 자세로 단체 사진을 한 방 찍은 후 인사를 나눴다. 다시 다섯 명이 모두 모이게 될 날이 이토록 어려울 줄 알았더라면 아마 더 환한 미소로 사진을 찍었을 텐데, 당시에 우리가 할 줄 아는 건 한숨을 나눠 쉬어 주는 일뿐이었다. 그렇게 '동백꽃'은 한 명을 먼 나라로 떠나보냈다. 스물한 살의 여름이었다.

    나와 영국이가 '혹시몰라'라는 팀으로 이 곡을 부른 건 거의 초창기 때부터였다. 도입부의 가사인 '친구야'를 제목으로 택하였던 우리는 많은 공연에서 이 곡을 불렀고, 어떤 날엔 힘찬 느낌으로, 또 어떤 날엔 조금 애잔한 느낌으로 노래했다. 처음에는 1집 앨범에 이 곡을 넣게 될 거라고 확신하지 못했으나, 우리

딴에는 흐물거리지 않는, 어떤 힘을 가진 노래라고 생각하였기에 마지막 트랙으로 배치하여 끝을 장식하고자 하였다. 나는 앨범 작업을 하는 내내 '친구야'라고 붙여 놓은 제목이 늘 불만이었다. 가장 단순하면서도 외우기 쉬운 제목인 건 맞으나, 무언가 내가 곡을 썼던 때의 감정과 당시 그렸던 스토리 전체를 어우른다는 생각이 들지 않았다.

    이런 고민은 쉽사리 해결되지 않았다. 결국 그렇게 해결해야 할 과제를 고스란히 옆으로 밀어 둔 채 우리는 이 곡의 녹음에 들어갔다. 거의 앨범 작업의 마지막을 향하던 때였으므로 우리의 긴장감은 최고조에 달해 있었다. 서울과 파주를 오가며 긴 시간을 투자한 끝에 어찌저찌 녹음을 잘 마무리했다. 그리고 남은 과정을 끝내기 전 잠시 회의를 하던 때였나 보다. 이민 간 친구에게서 전화가 걸려 왔다. 반가움에 자리를 뜬 나는 설레는 톤으로 전화를 받았고, 그 자리에서 바로 주저앉아 버렸다. 친구는 울고 있었다.

    친구 아버지가 돌아가셨다는 얘기를 들었다. 영화 같은 데서 사람들이 나누던 그런 대사를 나도 건넬 수 있을 줄 알았으나 막상 입이 떨어지지 않았다. 떠오르는 말, 내가 해 줄 수 있는 말이 거의 전무하다시피 했을 것이다. 친구 이름만을 몇 번 부르다가 내가 꺼낸 말은 "내가 갈게"였는데, 친구는 그런 나를 극구 말렸다. 자신은 괜찮은데 울 곳이 없어 전화했다는 말만 되풀이했다. 정말 당장이고 달려가고픈 마음이었으나 친구가 있는 곳은 열두 시간을 날아야 도착할 수 있는 곳이었고, 장례 절차가 우리나라와 달라 앞으로 어떻게 진행될지 정해지지 않았기에 내가 할 수 있는 일은 더더욱 없었다. 간신히 울음을 그친 친구에게 우선 잠을 좀 자두라는 이야기만을 건네고 전화를 끊었다. 하필 이 곡의 녹음을 마무리 짓던 날 받은 전화였다.

그날 밤 작업을 마친 나와 영국이는 대전의 집으로 내려왔고, 종일 마음이 쓰였던 나는 감정을 잘 컨트롤하지 못했다. 비행기 표를 몇 번이고 검색했으나 정작 구매 버튼을 누를 수가 없었다. 대전으로 내려오는 고속도로에서 우리는 아무리 생각해도 생각나지 않던 이 곡의 제목을 지었다. 〈동백꽃〉이었다. 잊고 살았던 그 이름이 그날에서야 떠올랐다. 〈동백꽃〉으로 제목을 지었으면 좋겠다고 말하는 내게 영국이는 흔쾌히 좋다고 말했다. 이곳 시간으로 자정을 넘긴 밤, 그곳 시간으로 오전이었으나 나는 친구가 깨지 않고 잠을 푹 자기만을 바랐다. 그렇게 마음을 먼 땅에 보내는 일만이 내가 할 수 있는 전부였다.

이영훈의 〈우리, 내일도〉(2019)라는 노래 가사의 일부처럼 "그 후로도 우리는 틈만 나면 본다." 이제는 한 명의 친구가 더 이민을 갔기 때문에 그 '틈'이 생각보다 자주 나지는 않지만, 한국에서 또 외국에서 만나는 일을 반복하곤 한다. 원치 않았던 학교에 배정되어, 원치 않았던 교복을 입고, 고요한 긴장 속에 맘 졸이며 시작했던 나의 첫 고등학교 생활은 결국 가장 찬란한 시절로 귀결되어 남았다. 〈동백꽃〉은 그 시절 미숙했던 나에게 보내는 편지이다. 그리고 그 편지는 여타 무수한 흐트러짐 속에서도 나를 온전하게 만들어 주던 친구들 덕분에 쓰여졌다. 적어도 2년에 한 번은 얼굴을 보자는 약속을 해 둔 채로, 언젠가 더 나이가 들면 꼭 다시 밴드를 하자는 마음을 지닌 채로, 그렇게 우리는 같이 나이 들어 가고 있다.

친구야 오늘 같은 날엔
친구야 조용히 마주 앉아서
술 한잔 기울이고 싶어 친구야
산다는 바쁜 헛바퀴 틀 속에서
무심코 흘려 버린 날들
가끔 후회가 날아들지 친구야
삶이 흔한 노래가 되고 있어
우리 꿈꾸던 날들과는 달라
때론 심장 져 미어지는 듯해
때 묻은 우리 된 것 같아
새벽 다섯 시 맨발로 걷던 길과
한 병 맥주에 취했던 놀이터와
힘껏 떠나던 그 기차 울림이 그리워
친구야 오늘 같은 밤엔
친구야 조용히 마주 앉아서
술 한잔 기울이고 싶어 친구야
삶이 흔한 노래가 되고 있어
우리 꿈꾸던 날들과는 달라
때론 심장 져 미어지는 듯해
때 묻은 우리 된 것 같아
새벽 다섯 시 맨발로 걷던 길과
한 병 맥주에 취했던 놀이터와
힘껏 떠나던 그 기차 울림이 그리워
세상에게 속아 한숨 쉬던 날과
너와 나눠 태우던 담배 한 개피
훌쩍 떠나던 방황의 여행도 그리워

작사: 이강국 | 작곡: 이강국 | 편곡: 홍시몬파, 박종현